シリーズ「遺跡を学ぶ」118

海に生きた弥生人

三浦半島の海蝕洞穴遺跡

中村 勉

新泉社

海に生きた弥生人
—三浦半島の海蝕洞穴遺跡—

中村　勉

【目次】

編集委員
勅使河原彰（代表）
小野　昭
小野　正敏
石川日出志
小澤　毅
佐々木憲一

装　幀　新谷雅宣
本文図版　松澤利絵

第1章　海蝕洞穴へのいざない

1　海蝕洞穴とは

なぜこのような場所に人間の営みが

三浦半島は、穏やかな砂浜海岸と複雑なリアス式海岸が入り組み、変化に富んだ海辺の景観が訪れる人をなごませてくれる。そして海に面した急峻な崖面には、木々のあいだから洞穴《どうけつ》が見え隠れする。

洞穴内は薄暗く、高い天井から水が滴り落ち、いくつもの小さな水たまりをつくっている。奥にむかって徐々に高さと幅が減じていき、洞奥には天井から崩落したと思われる岩塊が立ちふさがる。風や光が届かないせいであろう、洞穴内の空気はカビ臭い。いつ訪れても、洞穴からは陰湿なイメージがただよう。

一九二四年（大正一三）七月、地元横須賀で小学校教員をしながら考古学研究をつづけてい

図１ • 三浦半島の海蝕崖
毘沙門洞穴群のある海岸の海蝕崖。三浦半島南部の太平洋岸にみられる磯浜海岸の典型的風景。冬の風景が旅情を誘う。

図２ • 大浦山洞穴
海岸から７ｍの高さにあり、入り口は高さ６ｍ、幅８ｍの三角形をしている。洞穴内は薄暗く、入り口上部から絶えず水滴が滴り落ち、シダや苔が繁茂している。

た赤星直忠《あかぼしなおただ》が、三浦半島の東岸中央部に大きく東京湾にむかって突き出た鴨居の地で、横穴墓《おうけつぼ》を探索中に偶然にも、入り口の幅五メートル、高さ三メートル、奥行き八メートルの洞穴を発見した。洞穴内には人骨が二〇体ほど埋葬されており、弥生土器とともに古墳時代の土器である土師器《はじき》や小型の銅鏡などが出土した。後に鳥ヶ崎《とりがさき》洞穴とよばれることになる三浦半島で最初の洞穴遺跡の発見であった。

その後、三浦半島で発見された洞穴遺跡は四〇カ所あまり、調査された洞穴は約二〇カ所を数える。その数は日本列島でもっとも多く、利用の時期も縄文時代前期から中世にまでおよぶ。

しかし、なぜ、このような場所に人間の営みがあり、その営みが洞穴でなければならなかったのか。この素朴な疑問を解くために三浦半島の洞穴遺跡を探訪していこう。

海蝕洞穴の生成

三浦半島は神奈川県の南東端にあり、南北約一八キロ、東西の幅は最大一二キロ、最小でわずか四キロの小さな半島である。半島の東岸は東京湾に面し、湾を行き交う多くの船や鋸山《のこぎりやま》をはじめとした房総半島の山々を望むことができ、西岸は相模湾に面し、伊豆半島の天城《あまぎ》の山並みや遠くには伊豆大島を展望することができる。半島のどこにいても、海を身近に感じる土地である。

この三浦半島の洞穴はどのようにして生まれたのであろうか。三浦半島をかたちづくる基盤層は三浦層群とよばれ、二〇〇〇万年から一五〇〇万年前に海底に堆積した粘土質の柔らかな

図３ ● 三浦半島の位置と地形
半島南部の三浦市域は標高30～50ｍほどの海蝕台地が占め（下半分の緑色の部分）、その周囲は急俊な海蝕崖となっている。洞穴は、海に面したこの海蝕崖にある。

層（三崎《みさき》層）と、火山噴出物を含む硬質な凝灰岩の層（初声《はっせ》層）の二層が合わさった岩層から成り立っている。三浦半島の海岸線の断崖をみると、白黒の縞模様になっているところがあるが、白いところが柔らかな三崎層で、黒いところが硬い初声層である（**図4**）。

いまから七〇〇〇年から六〇〇〇年前、地球温暖化によって海水面が最大一〇メートルほど上昇する縄文海進とよばれる環境変化が生じた。海岸線の断崖に打ち寄せる波は柔らかくもろい三崎層を削り、硬い凝灰岩の初声層を残して空洞をつくっていった。

このような作用は、いまも海岸でみることができる。波打ち際の断崖に小さなえぐりをみかけたら、それは海蝕《かいしょく》洞穴誕生の一歩を示すものだ（**図4**）。

さて、およそ五五〇〇年前、今度は地球規模の寒冷化が進行し、海進から海退への大きな変化にともなって海岸線は後退し、波が打ち寄せていた空洞は海面よりも上に姿をみせたのである。

また、土地の隆起と沈降という上下運動も、洞穴形成に大きな影響を与えた。洞穴の入り口は三角形ないし平行四辺形をしていることが多いが、これには土地の上下運動が深く関係している。褶曲《しゅうきょく》や断層といった地層の動きが生じると、水平に重なっていた白黒の縞

図4 ● 褶曲層（左）**と小洞穴**（右）
左は海外（かいと）海岸の褶曲層で、粘土質の層（白）と凝灰岩の層（黒）がはっきりわかる。右は荒崎海岸の小洞穴で、いままさに波食作用で海蝕洞穴が形成されているところ。

模様は、斜め方向や山形にゆがむ。そこに波の浸食が加わることで、柔らかな三崎層に沿って空洞が生じ、天井部に硬質の初声層が残ることで、三角形や平行四辺形に洞穴が削られていくのである。さらに、天井部の硬質な岩塊が崩落して、洞穴を広げていく。

現在、わたしたちがみる洞穴が標高七メートル前後の高い位置にある理由は、この海退現象と土地の隆起によるものである。古代の人びとも、現在と同じ高さの洞穴を利用していたことになる。

2　三浦半島の洞穴遺跡の分布

三浦半島の洞穴遺跡は、東京湾に面する横須賀市の半島東岸グループと、三浦市の半島南部グループに分かれる（**図5**）。遺跡と確認された四〇余カ所の洞穴のうち、東岸グループには九カ所ほどで、残りは南部グループに属する。ただし、まだみつかっていない洞穴遺跡もあると思われ、海岸線の急傾斜地区防災工事などにともない、その数は増加する傾向にある。

東京湾沿岸の洞穴遺跡

東岸グループの洞穴遺跡の多くは、現在、在日米軍基地と自衛隊基地内にあるため、正確な数は不明である。しかし過去の調査例から、東京湾に突き出た楠ケ浦《くすがうら》とその周辺の勝力崎《かつりきざき》に集中すると推定されている。

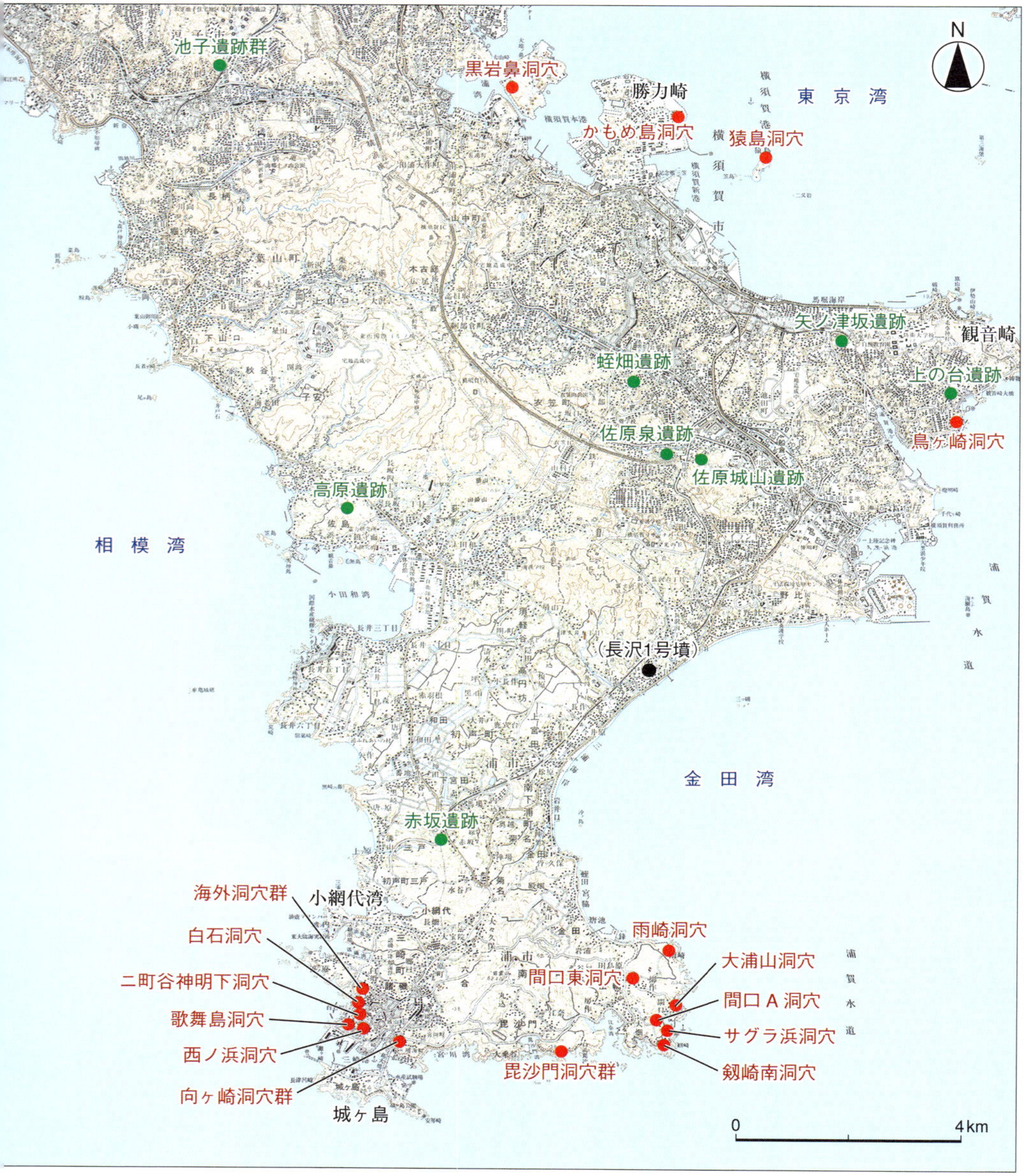

図5 ● 三浦半島の海蝕洞穴遺跡の分布
洞穴遺跡は、東京湾の勝力崎から観音崎の範囲と、金田湾南端から海岸線を西に小網代湾までの範囲に集中している（緑字は弥生時代のおもな拠点集落）。

このなかで一九八四年に米軍基地内（現在は自衛隊基地内）で発見された黒岩鼻《くろいわはな》洞穴では、縄文時代前期の関山《せきやま》式土器や中期前半の阿玉台《おたまだい》式土器が出土し、三浦半島の洞穴使用が縄文時代にまでさかのぼることがわかっている。一方、一九五一年に米軍将校官舎脇に焼却炉を建設する最中に発見されたかもめ島洞穴からは、八世紀から九世紀後半の墓地がみつかっている。東岸グループではこのほか、東京湾内に浮かぶ猿島《さるしま》の猿島洞穴、東京湾岸における拠点的集落である弥生時代の鴨居上《かもいうえ》の台《だい》遺跡の下に位置する、赤星が発見した鳥ヶ崎洞穴などがある。黒岩鼻洞穴やかもめ島洞穴の立地は、砂州《さす》の先端にある独立丘であるが、かつては猿島同様の島であったと推定されている。東岸グループに関する洞穴遺跡調査の進展はいまのところないが、陸地から離れた島の洞穴を利用していたことに、一つの特徴をみいだすことができるかもしれない。

三浦半島南部の洞穴遺跡

三浦半島の南部は広大な海蝕台地が広がり、丘陵地の多い半島中央部とは異なる景観をみせている。台地をとりかこむように急峻な海蝕崖が形成され、その崖には海にむかっていく筋もの狭小な海水が浸入する溺《おぼ》れ谷《だに》がみられる。南部の海岸はこうしたリアス式の岩石海岸が多く、青い海と白い波、それらが岩石と相まって独特の景観美をつくりだしている。

南部の海岸で洞穴遺跡が集中する地域として、松輪《まつわ》サバで近年有名になった間口《まぐち》漁港付近と、城ヶ島を対岸にみる三崎魚市場周辺をあげることができる。

京浜急行の三浦海岸駅から剱崎《つるぎざき》行のバスで、金田《かねだ》湾を眺めながら海岸線を二〇分ほど行ったところにある松輪バス停を起点として、左手に行けば雨崎《あまざき》洞穴があり、右手を行けば間口漁港に達する。

間口漁港の周辺には大浦山《おおうらやま》洞穴や間口A洞穴・間口東洞穴、サグラ浜洞穴などがみられ、さらに中世の洞穴利用を物語る剱崎南洞穴が白亜の灯台の下に開口しており、半島南部の東京湾岸側の洞穴遺跡密集地となっている。

松輪地区から西に海岸をたどると波静かな毘沙門《びしゃもん》湾に達し、この湾に迫ってそそり立つ海蝕崖に毘沙門洞穴群とよばれる、AからEまでの五洞穴がある。洞穴群の前面に広がる磯浜には海藻やアワビ・サザエなどが豊かに生息し、弥生時代の景観を彷彿とさせる景勝地である。

半島の南西端には、マグロの水揚げで有名な三崎漁港がある。この漁港から西に海岸をめぐっていけば、相模湾に面する磯浜海岸が葉山まで続いていく。漁港周辺には歌舞島《かぶじま》洞穴をはじめ、海外《かいと》1・2号洞穴、さらに白石《しらいし》洞穴や二町谷神明下《ふたまちやしんめいした》洞穴などが調査されている。

図6 ● 間口港（1950年代初頭）
入江奥に漁師小屋がみえる。その左手の丘に明神社があり、間口A洞穴が開口していた。この磯浜は1960年代に埋め立てられ、現在は当時の景観を想像することはできない。

3　洞穴遺跡探究の道

洞穴研究のはじまり

洞穴遺跡に人びとは何を求め、調査研究してきたのだろうか。

日本における最初の洞穴遺跡調査は、北海道小樽市の手宮《てみや》洞穴であった。この洞穴は、江戸時代末期の一八六六年（慶応二）に発見され、一八七九年（明治一二）にイギリス人の鉱山技師で工部省に招かれて来日したジョン・ミルンが調査した。ミルンは技師であるとともに地震学者・考古学者でもあり、手宮洞窟の壁面に刻まれた幾何学的彫刻に興味をもち、古代北欧人が用いた文字に類似すると考えたのである。

このことが話題となり、東京大学人類学教室の創設者である坪井正五郎をも巻き込んで、手宮洞窟の幾何学的彫刻は「古代文字」である、あるいは「古代絵画」であるなどの諸説が発表され、明治から大正初期の考古学界をにぎわした。しかし、当時の論争は文字か絵画かという話題に限定され、洞穴における人類活動に関する研究へと深まるには至らなかった。

日本における本格的な洞穴遺跡の研究は、一九一八年（大正七）、富山県氷見《ひみ》市の大境《おおざかい》洞窟の発見にはじまる。大境洞窟は富山湾西

図7● 手宮洞窟の彫刻とジョン・ミルン（1850～1913）
ミルンは1876年（明治9）に、イギリスから鉱山学の教師として招かれ来日。考古学的関心も高く、日本の石器時代に関する研究をイギリスで報告している。

岸に位置する海蝕洞穴遺跡で、別名白山社《はくさんしゃ》洞窟ともよばれるように洞穴内に神社があり、その社殿を改築する際、多くの土器および人骨が発見されたことで注目された。調査にあたった東京大学人類学教室の柴田常恵《じょうえ》は、洞内の詳細な断面図を作成し、出土する土器の違いから土層を六層にわけた。一層からは近代の陶器類、二層からは中世の陶器類、三層から四層にかけては須恵器《すえき》や土師器など古墳時代の遺物、五層からはわずかな縄文土器と弥生土器が、最後に六層からは縄文土器と人骨がみつかった。

このように、貝塚での調査と同じように、それぞれの層の出土物が時代的・文化的特徴を示していることを確認し、洞内の土層が新旧を示す重要な役割をはたすことを証明した柴田の科学的研究は、日本における洞穴遺跡の考古学的研究の開始と評価できる。

図8●大境洞窟（大正時代ごろ）
写真中央の崖が大きく窪んでいるところが大境洞窟。
入り口部に白山社の鳥居と社殿がわずかにみえる。

民族の起源をもとめて

こうした洞穴遺跡の調査は、当時の日本人の国民意識を背景にしていた。明治維新以降の近代化政策によって西洋列強と肩を並べつつあった日本にとって、日清・日露の戦争体験は強烈に民族意識を高め、「日本人」さがしとでもいうような人種論に関心がもたれるようになった。日本人はいつこの地に生まれ、他民族と異なる特質を有する民族なのかが国民的関心事となったのである。

　こうした「民族問題」に関心をもった軍人であり考古学者であった大山柏《おおやまかしわ》は、日本人の起源を解明するうえで洞穴遺跡に注目し、縄文時代以前の人類の発見を洞穴に求めた。また、柴田常恵とともに大境洞窟を調査した解剖学・人類学研究者の小金井良精《よしきよ》は、大山柏による岩手県の鉢《はち》ノ《の》木《き》女神《めがみ》洞穴や千葉県の蝙蝠穴《こうもりあな》洞穴などの調査に同行し、古人骨を熱心に収集した。

　小金井を洞穴にむかわせた背景には、当時、石器時代の人種は小金井が主張する「アイヌ」なのか、坪井正五郎が主張するアイヌの伝承に登場する「コロポックル」なのかをめぐっての論戦があったからである。小金井はさらに、縄文人と現代人との人種の違いを指摘し、弥生時代人にヤマト民族の祖先を想定した。

　この考えに東京帝国大学の人類学教室に勤めていた鳥居龍蔵も共鳴し、弥生人こそヤマト民族の直系であるとする「固有日本人説」を打ちだし、郷里の徳島県で城山洞穴などの洞穴調査を実施した。彼の「有史以前の畿内」や「有史以前の信州」などの全国各地での講演は、隆盛をむかえていた「東京朝日新聞」をはじめ「読売新聞」「東京日日新聞」などの商業新聞に掲載され、多くの

図９ ● **鳥居龍蔵と城山洞穴**
鳥居が洞穴遺跡としては最初に調査した故郷徳島にある洞穴。
縄文時代の遺物とともに人骨を発見している。

読者の反響をよび、日本人とその起源についての国民の関心を高めていったのである。

三浦半島の洞穴遺跡研究と赤星直忠

鳥ヶ崎洞穴を発見した赤星直忠も、そうした鳥居ファンの一人だった。赤星は鳥居の新聞記事をスクラップし、一九二二年（大正一一）六月には、國學院大學生を装い、同大学で開催された鳥居の城山洞穴についての講演会を聴講するほど傾倒していた。

赤星は一九〇二年（明治三五）、横須賀に生まれた。一九二一年（大正一〇）に神奈川県立横須賀中学校を卒業後、小学校の教員として教鞭をとるかたわら、日曜日には三浦半島内をくまなく歩き、新たな遺跡や遺物を発見し、記録することに熱中していた。東京帝室博物館の高橋健自《けんじ》が著した『古墳と横穴』に掲載された横穴墓が学校の近くで発見されたことをきっかけに、考古学に関心をもつようになったという。採集した瓦や土器などを携えて東京帝室博物館に高橋を訪ね、直接教えを乞うている。

図10 ● 赤星直忠（1902 ～ 1991）
三浦半島の考古学研究の開拓者。その研究範囲は先史古代から近代におよび、なかでも洞穴や横穴墓、中世のヤグラの研究は生涯のテーマであった。

赤星は一九二二年（大正一一）一二月から一年間、横須賀重砲兵連隊に一年志願兵として入隊した。当時、横須賀は軍都として発展し、大規模な海岸埋立で鴨居鳥ヶ崎で土取り工事がおこなわれていた。工事中に多くの横穴墓が露出し、赤星は何度も訪れては横穴墓の観察と遺物の採集に励んでいた。そして一九二四年、冒頭でふれたように、横穴墓の探索中に偶然洞穴をみつけ、人骨や土師器などを発見する。赤星はそのことを鳥居に連絡した。鳥居は助手の小松慎一を派遣し調査がおこなわれることになったが、鳥居が急遽大学を去ることになったことから、鳥ヶ崎洞穴調査の報告は赤星に託されることになる。

赤星の報告は『考古学雑誌』に三回にわたって掲載された（「鴨居洞穴の発掘」「其後の鴨居洞穴発見遺物」「相州浦賀町鴨居の洞窟」）。洞穴は入り口幅三メートル、奥行き八メートルで、最下層からは赤土が、その上には三枚の灰層やスガイ・クボガイ・マガキの貝殻をふくんだ混貝土層がみられ、弥生時代後期の土器や鹿角《ろっかく》製のヤスのほか、滑石《かっせき》製の勾玉《まがたま》や中国六朝時代の珠文鏡《しゅもんきょう》などの発見を記している。そして最後に「洞穴は漁猟をしながら漂海する人々の暮らしを物語っている」と結んでいる。

こうして赤星の研究は進展していったが、大正から昭和へと時代が移るころから三浦半島の沿岸各所にはトーチカや海軍の特殊潜航艇基地が構築され、海岸部の通行は厳しく制限されるようになる。その結果、赤星の洞穴への思いは敗戦まで息を潜めることになる。

図11 ● 鳥ヶ崎洞穴
洞穴発見時の写真。この洞穴の発見が、赤星に洞穴への興味を抱かせることになった。

房総半島の洞穴遺跡調査

赤星が鳥ヶ崎洞穴を発見したころ、東京湾の対岸、房総半島でも洞穴調査がはじまっていた。日本の地質学会の創設者である東京帝国大学の山崎直方《なおまさ》が、関東大震災後の海浜部における隆起と沈降の解明のため洞穴調査をおこなったのである。山崎は、洞穴内に堆積する炭と灰および砂からなる互層（山崎は「ラミナ」＝葉片状累層《ようへんじょうるいそう》とよんだ）を、古くからの土地の隆起と沈降の結果、海水が洞穴内に浸入したことによってできた層と考え、その後の隆起によって洞穴に人が住むことができたと考えた。

戦後、騎馬民族説で注目されることになる江上波夫は、この山崎の洞穴研究に触発され、外房の蝙蝠穴洞穴や本壽寺《ほんじゅじ》洞穴、さらに荒熊《あらぐま》洞穴などを調査した。江上は調査結果として、洞穴の利用には居住と埋葬の二つがあること、古人骨は石器時代に属し、形質からアイヌのものと報告している。その論文は赤星が鳥ヶ崎洞穴遺跡を報告したのと同じ年に発表されており、東京湾をはさんだ二つの半島で同時に洞穴遺跡研究がはじまったことになる。

横須賀考古学会の誕生

一九四五年に戦争が終わると、赤星は会員を集い横須賀考古学会を設立し、三浦半島内の遺跡の発見と調査を再開する。そこには昭和のはじめ、東京考古学会を創設し、日本における農耕文化の起源に関する研究で考古学をリードした森本六爾《ろくじ》の遺志を継ぐ思いがあった。森本は一九三五年（昭和一〇）、地方の同人に東京考古学会の支部を各地で立ち上げることをよびかけていた。赤星は森本らに賛同し、自宅に「東京考古学会横須賀支部」という看板を掲げていたほどである。敗戦とともに赤星は、三浦半島での考古学研究推進の意志を「横須賀考古学会」の名に込めたのである。

赤星の考古学の特徴は、石器や土器だけにとどまらず、対象を自然遺物にまで広げ、時代も近世・近代にまで展望していたことにある。そのような姿勢に賛同し、横須賀考古学会の重要な支援者となるのが浜田勘太《かんた》であった。

一九四七年に赤星は三浦市の三崎町立実科高等女子校で、「昔の三崎」という題で三浦半島の古代遺跡について講演した。当時同校の事務員として勤務していた浜田は赤星の話に感銘し、その後横須賀考古学会の一員として三浦市内の遺跡調査に参加するようになる。

浜田は一九〇四年（明治三七）横須賀市に生まれ、一九三六年（昭和一一）から実科高等女子校に勤務するかたわら、三崎の神社仏閣をはじめ地域の人びとの暮らしやその道具、そして海浜の植物などに関心をもって記録していた。三浦市内で横須賀考古学会が調査をおこなう際は、宿舎の手配や調査機材の運搬、遺物の

図12 ● 浜田勘太（左、1904～1984）**と岡本勇**（右、1930～1997）
浜田は三浦半島の考古学や民俗行事の保護・保存活動に力を注いだ。岡本は赤星直忠・杉原荘介・和島誠一に師事し、縄文時代早期の土器の編年や横浜市港北ニュータウンの調査および保存に尽力した。

整理や保管に関し教育委員会や地主、さらには地元の婦人会に働きかけ、活動を支援した。横須賀考古学会が三浦半島で大きな成果をあげることができた背景には、浜田のような地域の歴史・民俗・自然を独学で学んだ在野の研究者の支援があった。そうした会の活動に、後に縄文時代や弥生時代研究に大きな足跡を残すことになる岡本勇《いさむ》や神澤勇一《かんざわゆういち》らの研究者が参加してくるのであった。

赤星の洞穴研究とその成果

一九五〇年から翌年にかけておこなわれた三浦市南部の洞穴調査は、当時としては稀な文部省人文科学研究補助費がついた。調査された洞穴は、横須賀市の猿島洞穴以外はすべて三浦市内のもので、毘沙門洞穴群・大浦山洞穴・間口A洞穴・向ケ崎《むこうがさき》洞穴群。このときの調査では、海辺における弥生時代の生業の一端を知りうる遺物の発見があった。

赤星はその成果をふまえて、一九五一年五月に東京上野の国立博物館で開催された第五回九学会連合大会で、「金石《きんせき》併用時代の漁民」と題する報告をしている。そのなかで赤星は、洞穴を居住地とする人びとは、漁だけでなく、半島に自生する樫や椎などの木の実を食料として採集し、製作した貝輪などの貝製品を「農民」と物々交換する、登呂遺跡で明らかとなってきた農民とは異なる弥生時代の漁撈民と説明したのである。

当時の九学会連合は、民俗学者の渋沢敬三をはじめ、羽原又吉・宮本常一・瀬川清子・岡崎敬《たかし》などの民俗学・考古学研究者が参加し、戦後の離島の漁業をどのように発展させていくかを一つの課題としていた。そのなかで赤星の報告は、登呂遺跡をとおして喧伝される明るい定住的な農村の姿との対比で、漁撈活動による不安定な生活、ひいては生活の後進性を物語る材料となっていたことは明らかである。

この二年後、ふたたび赤星は「海蝕洞穴―三浦半島に於ける弥生式遺跡―」と題して、洞穴遺跡について総括的な考察をおこなっているが、やはりその結語に洞穴は「金石併用時代に漁人の生活場所に使われた……其の後も年をへだてては魚を追って海岸を転々と移動した人達の無言の記録」と記しているのである。このような赤星の見解が、「弥生文化の内容から考えても、漁撈生産は二次的または三次的なものであった」と乙益重隆《おとますしげたか》が一九六〇年の『世界考古学体系』で記しているような、弥生時代の漁撈を農業の補助的活動と認識する要因ともなっていくのである。

考古学協会と洞穴遺跡研究の広がり

考古学者の全国組織である日本考古学協会は一九六二年から三年間、東京大学の八幡《やわた》一郎を委員長に「洞穴遺跡調査特別委員会」を組織し、全国の洞穴遺跡の発掘調査をおこなった。戦後、群馬県赤城山麓の岩宿《いわじゅく》において

図13 ● 横須賀考古学会のメンバー（葉山町馬の背山遺跡、1957年）
写真中央の白い帽子をかぶる赤星直忠を中心に、岡本・神澤・村越潔ら大学生にまじり、小学校教師や赤星の教え子である横須賀市内高校歴史部の生徒などが参加している。背後左手に会の旗がみえる。

旧石器時代の石器が発見されたことで、旧石器時代から縄文時代への移行、さらには縄文時代から弥生時代への移行期に関心が高まっていたが、この課題に対して洞穴内の土層堆積が後世の変化が少ない点で注目されたのである。

　このなかで縄文時代から弥生時代への変遷については、明治大学の杉原荘介《そうすけ》が群馬県の岩櫃山《いわびつやま》遺跡で弥生文化がこの地に波及してくる時期の土器を発見したことをうけて、考古学協会は関東地方における弥生文化の波及と縄文文化との関連を解明する計画を立て、その課題追究を三浦半島の大浦山洞穴に託したのである。

　調査の結果は残念ながら、大浦山洞穴での最初の人類の活動は弥生時代中期後半であることがわかり、移行期解明という当初の目的を達成することはできなかった。しかし、大浦山洞穴の調査結果をまとめた岡本勇は、農耕社会にあっては洞穴のような場所にわざわざ住むはずはなく、洞穴は農民が農閑期に一時的に利用したものであると、赤星とは異なる見解を指摘した。

　こうして三浦半島における洞穴遺跡研究は、洞穴を利用したのが漁撈民なのか農民なのかを大きなテーマとして、その後、個別の遺構・遺物についてそれぞれの課題がもたれ、研究が進展してきている。そこで次章では、いくつかの洞穴遺跡を探訪し、その後の発掘調査の知見もふまえて、弥生時代における洞穴の利用のあり方に迫ってみよう。

図14 ● 岩櫃山遺跡
標高795mの岩櫃山頂から20mほど下った鷹ノ巣とよばれる岩陰にある（赤丸の箇所）。弥生土器に人骨が納められており、土器を使用した再葬墓と想定された。

第２章　弥生時代の洞穴利用

1　猿島洞穴

猿島は、横須賀新港の沖合一・七キロに浮かぶ無人島で、東西四五〇メートル、南北二〇〇メートル、周囲一・六キロの小さな島である。春は汐干狩り、夏は海水浴でにぎわいをみせ、最近ではコスプレを楽しむ若者が訪れている。しかし、この島がかつて東京湾防備の重要な砲台基地であり、一八五三年（嘉永六）ペリーが最初に東京湾に入ったとき、記念として猿島を「ペリー島」と名づけたことを知る人は少ない。

島の北端に洞穴があり、幕末期に書かれた『東海道三余雑記《さんよざっき》』に「大蛇の巣穴」と記されている。川越藩が海岸警備のために砲台を設置し、その試射をおこなった際に、大蛇は驚いて白雲をともなって天に昇っていったという。

戦後まもない一九四八年から翌年にかけて、赤星を中心とする横須賀考古学会の有志がはじめてこの洞穴に入り、調査をおこなった。さらに、二〇〇〇年に横須賀市教育委員会による再調査がおこなわれた。

　洞穴は海面から六メートルほどの高さにあり、ほぼ真北にむかって開口している。奥行きは二三メートルあり、中央付近で枝洞がみられる。入り口部の高さは九メートルほどあり、奥に行くにしたがって減じて七メートルほどになり、奥壁部でまた九メートルほどの高さとなっている。赤星らが調査したのは、入り口からおよそ一〇メートル付近にある平場と推定される。

　赤星および横須賀市教育委員会の調査によって、弥生時代中期後半から後期末のわずかな土器片と六世紀後半の古墳時代の須恵器の坏《つき》、ハマグリの貝殻の腹縁に鋸歯《きょし》状の刃をつけた海藻を引き切る道具である「貝刃《かいじん》」、ベンケイガイ製の貝輪の断欠、鹿角製釣針や海鳥の鳥管骨《ちょうかんこつ》を用いた刺《し》突具《とつぐ》などが、この平場付近で出土した（**図16**）。

北からの文化の流れ

鹿角製釣針は軸部が真っ直ぐ伸び、針の部分が軸部の半分よりも長く立ち上がった特徴的な

図15 ● **猿島**（北から）
周囲1.6kmの無人島。江戸時代に台場が建設され、東京湾防備の要となっていた。洞穴は島北端部の海面から6mの位置にある（矢印）。

形をしている。猿島型とでもよぶことができるもので、静岡県の登呂《とろ》遺跡や三重県の白浜《しらはま》遺跡などで発見された釣針に類似している。

一方、海鳥の鳥管骨を用いた刺突具は、宮城県仙台湾の縄文晩期のものと類似し、福島県南部や茨城県の太平洋岸の遺跡からも出土し、さらに本州の弥生時代に相当する北海道の続縄文時代のオホーツク海沿岸部や礼文島などでも発見されている。こうしたことから、弥生時代における紀伊半島から東北地方、さらには北海道へと続く広範な漁撈技術の流れを知ることができる。

洞穴利用の季節性

洞穴内で出土した自然遺物で注目されるのは、ウミウやヒメウといった渡り鳥の骨が多く出土したことである。ウミウやヒメウは北海道沿岸などから飛来する海鳥で、春に去っていく。この鳥の骨が多いということは、冬の猿島でウミウを捕獲していたことを示しており、洞穴利用に季節性があったことをうかがわせる。海鳥の捕獲はオホーツク文化の特徴

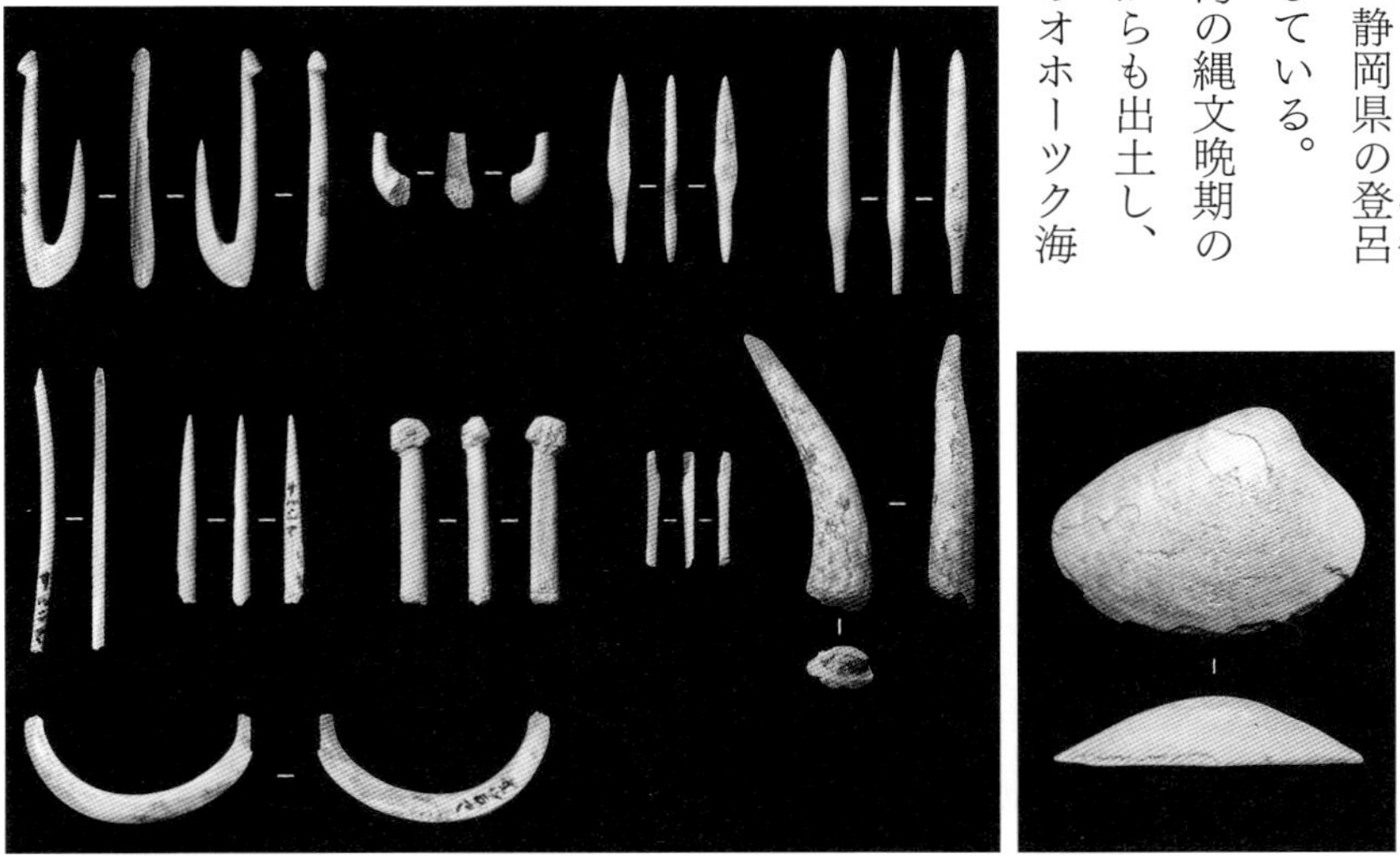

図16 ● 猿島洞穴発見の貝刃（右）と骨角器（左）
貝刃は縄文時代の貝塚からも出土しており、海藻などの採取に利用されたと推定されている（幅8cm）。骨角器の上段左が猿島型釣針（左端：長さ8.2cm）で、中段左が鳥管骨を利用した刺突具（左端：長さ10cm、横線でつながるのは一つの遺物）。

の一つといわれ、弥生時代における北からの文物の流れを知るうえで重要な意味をもっている。

一方、出土する魚骨や貝殻は、後で述べる半島南部の洞穴遺跡でみられるカツオやアワビ・サザエが少なく、逆に半島南部の洞穴遺跡ではまれなクロダイやイガイ・マガキが多い。この魚種や貝種の違いが、東京湾と太平洋あるいは相模湾における海洋環境の違いに由来するものなのか、あるいは意図的な漁によるものなのか、その解明は今後の課題である。

2 大浦山洞穴

洞穴遺跡特有の堆積層「ラミナ」

大浦山洞穴は、間口港北側の高さ三〇メートルほどの丘陵の先端部にある。標高七メートルほどの位置に、三角形の形に開口した、入り口部の幅八メートル、高さ六メートルで、奥行き二〇メートルの大きな洞穴である（図18）。

調査は、赤星ら横須賀考古学会による一九四九年の第一次調査の後、第1章でふれたように、縄文時代から弥生時代への変遷を洞穴堆積層を通じて明らかにすることを目的に、一九六二・六三年に二次・三次の調査がおこなわれた。層位を観察する必要から、洞穴の入り口から二メ

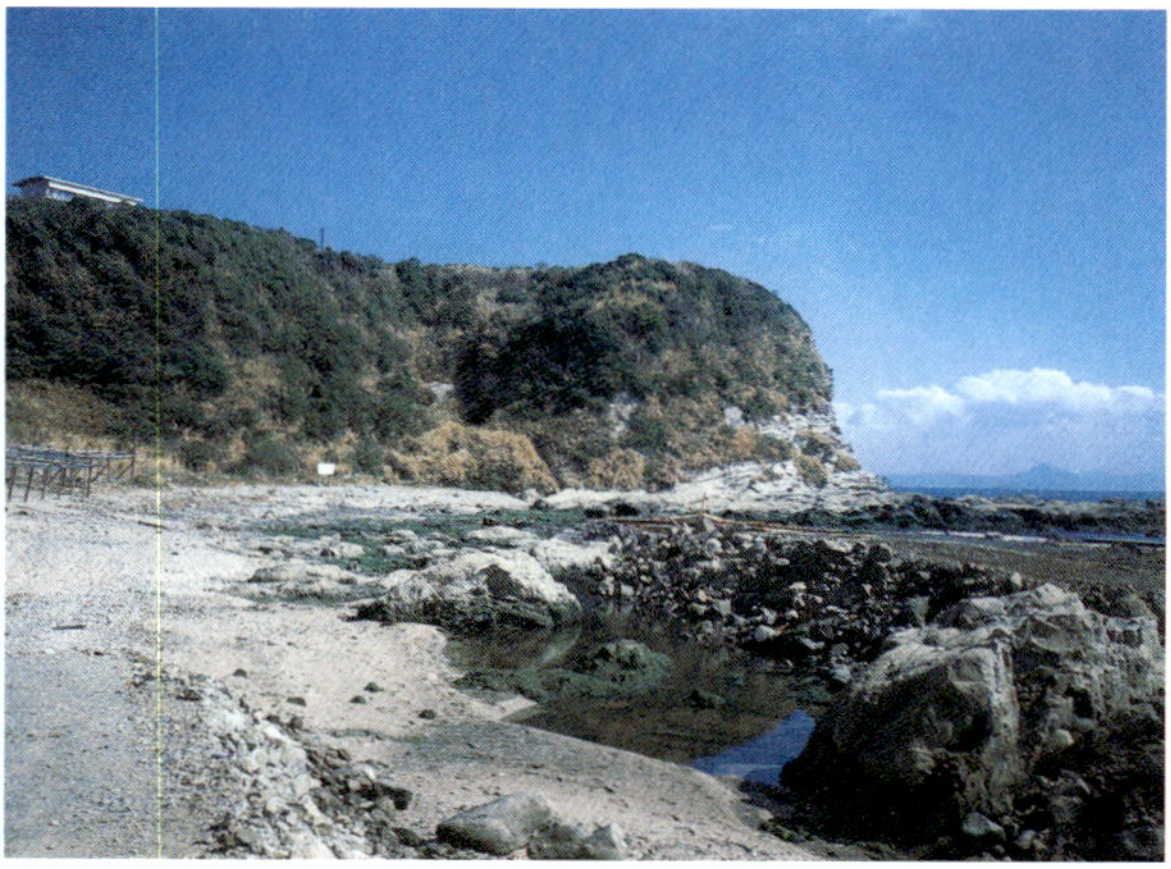

図17 ● 大浦山洞穴の遠景（1960年代）
間口漁港を望む、標高30mほどの大浦山の海蝕崖にある（写真中央の影になっている窪んだ場所）。

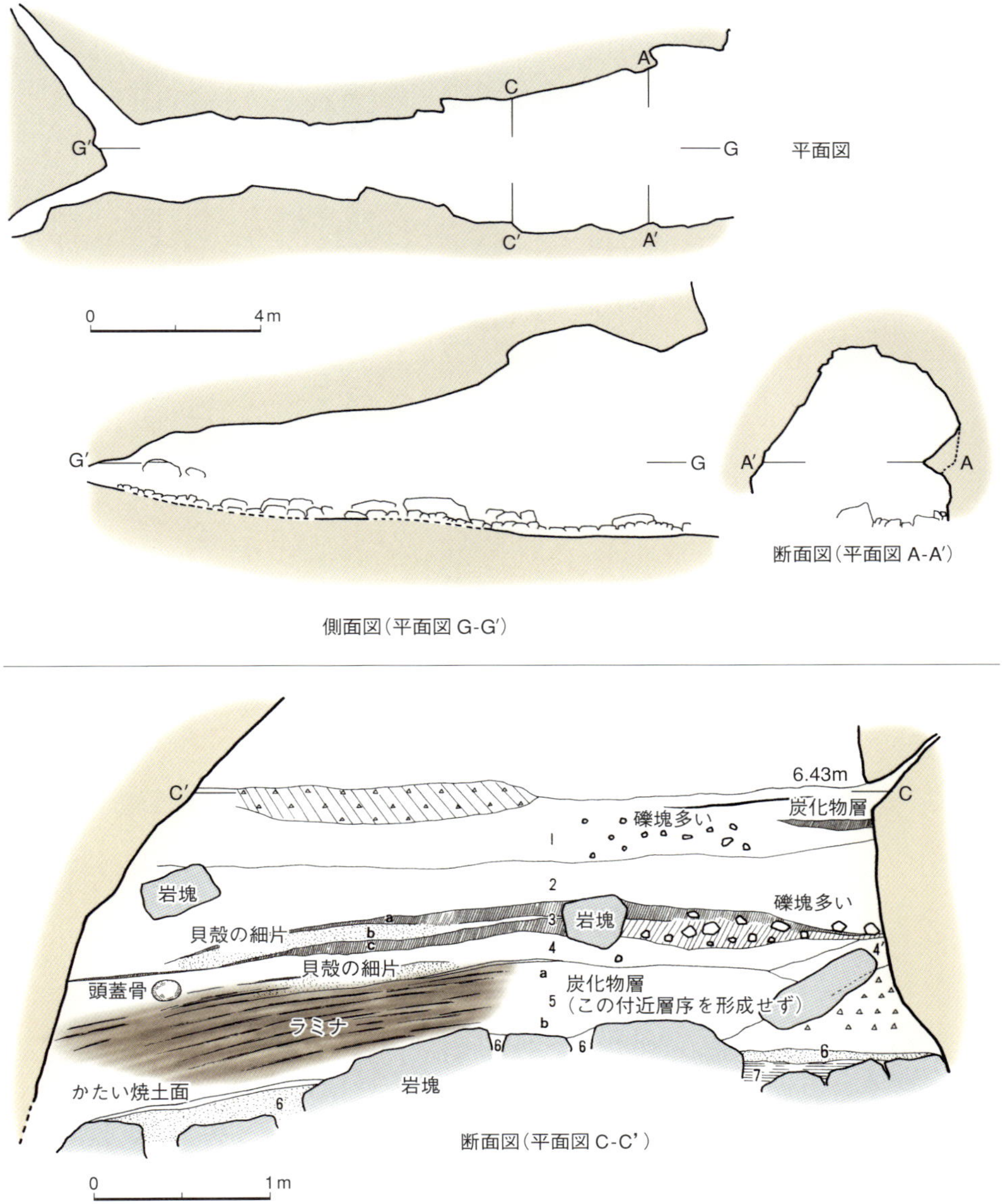

図 18 ● 大浦山洞穴の形と断面
洞穴内の堆積土は 4 m ほどもあり、その内の 1 m ほどが縞目状のラミナ層となっている。遺物はこの層の左右の端から発見された。

ートルおきに断面を六カ所とり、層の推移をみきわめることになった。しかし、入り口から洞奥まで天井からの落石と思われる大きな岩塊が幾重にも重なり調査は難航した。

入り口から奥に八メートルまでのあいだには、厚さ二センチにも満たない灰層が幾重にも縞目状に堆積した層が発見された（図19）。この層はほぼ水平に堆積しているが、同じ場所に堆積するのではなく、位置を少しずつずらすようにあり、その脇には魚骨などの自然遺物や貝輪などの人工物がみつかった。

第1章でふれたように、山崎直方はこの層を自然堆積層と考えラミナとよんだが、調査を担当した岡本勇は、層のあり方と遺物の出土状態から、人為的なもので、洞穴内の湿気を防ぐ作業用の床と考えた。これに対し神澤勇一は、後でふれる間口A洞穴の調査をふまえて、洞穴内で土器に海水を入れ煮詰めて製塩をおこなった痕跡との説を提出しており、洞穴遺跡解明の課題の一つとなっている。

図19 ● 大浦山洞穴入り口部の断面
厚く堆積している白黒の縞目の層（約50㎝）がラミナ（葉片状累層）で、葉が一枚一枚重なるように灰層が薄く重なっている。弥生時代の洞穴遺跡にみられる独特の層。

洞穴利用者の漁撈の特徴

大浦山洞穴からは、貝刃をはじめ、一〇〇点を超える貝輪製作時に廃棄された二枚貝や巻貝の貝輪片、精巧なつくりの骨角製の釣針やヤス、回転式銛頭《もりがしら》とその未成品、さらには占いに用いられた卜骨《ぼっこつ》などが出土した（図20・21）。

回転式銛頭は、アシカ・イルカなどの海獣やカジキ・マグロなどの大型回遊魚を仕留めるために、縄文時代後期から晩期にかけて宮城県仙台湾周辺で使用されたものである。そして弥生時代中期はじめのものが福島県の磐城《いわき》地方で発見されており、中期後半に三浦半島に伝播したものと推定されている。

アワビを岩から剝ぎとる鹿角製の「アワビ起こし」は、『魏志倭人伝』に「好んで魚鰒を捕へ、水深浅と無く、皆沈没して之を取る」「倭の水人、好んで沈没して魚蛤を捕へ」と記されている潜水漁が、弥生時代に実際におこなわれていたことを証明するものである。これらの漁撈具からは、釣る・突く・潜るという漁法が推定でき、いずれも個人漁である点に特徴があるといえる。

アワビの価値

洞内にはアワビの貝殻が散在し、アワビ漁が活発であったことを示している。横幅が一五〜一八センチ、縦幅は一二センチ以上の大型のものが全体の七割を占めている。このような大きなアワビは、深く潜水して採取した

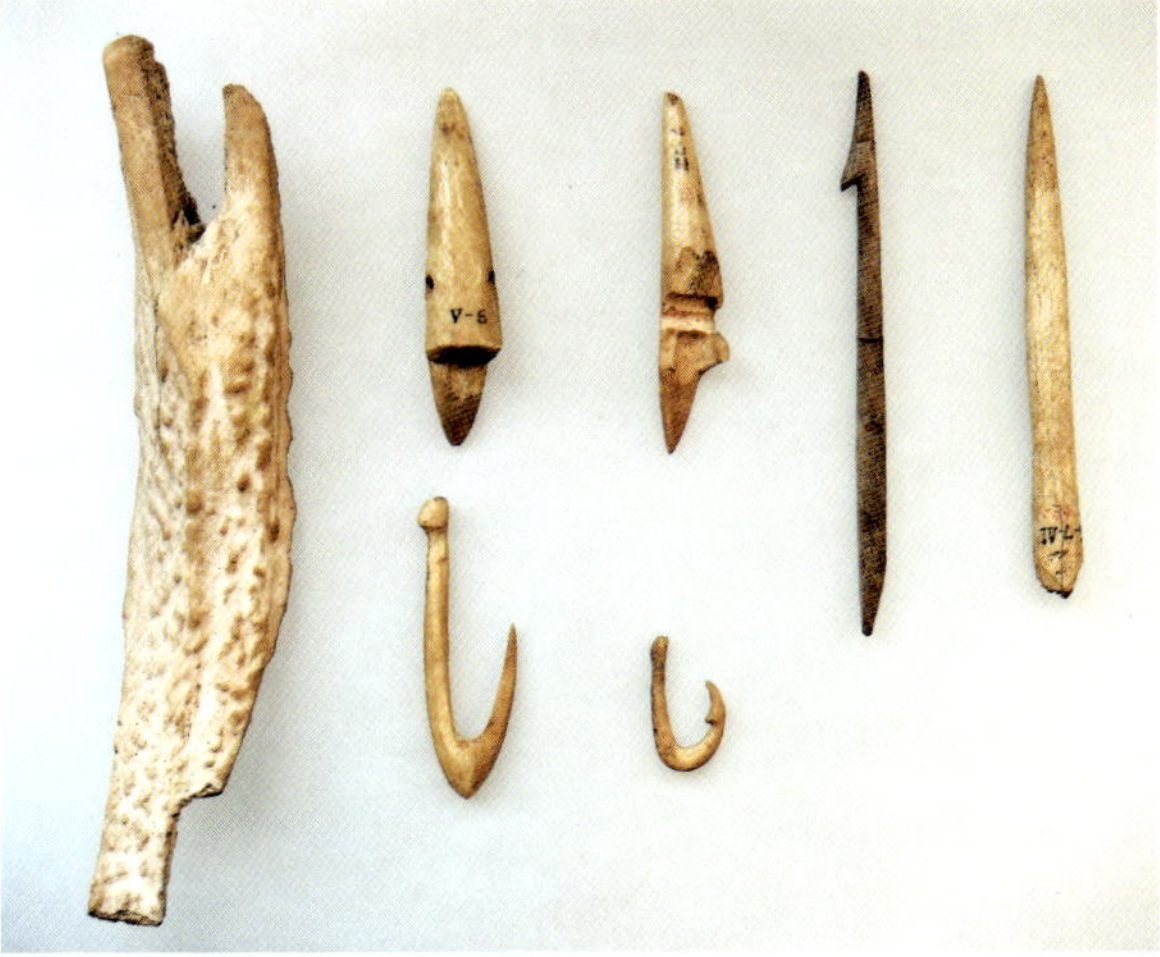

図20 ● 大浦山洞穴出土の骨角器
写真左端が鹿角製アワビ起こし（長さ13.8cm）、その右隣り上段２つが回転式銛頭、その隣りがヤス、下段２つは釣針。

ものと推測される。『日本書紀』に「六十尋」（一〇八メートル）の深さまでもぐって真珠玉をもった大アワビを採取したアマの男狭磯《おさし》が、アワビを手にしながら死んで浮かんできたことが記されているように、潜水漁はたいへん危険な漁である。そうした危険なアワビ漁をおこなう理由はどこにあったのだろうか。

時代は下るが、平安時代初期に編纂された「延喜《えんぎ》式《しき》」には相模国の現物租税にあたる調《ちょう》としてアワビがあげられており、三浦半島が属する相模国でアワビ漁が盛んであったことがうかがわれる。古代においてもアワビは食材として高価なものだったろうが、その価値は食材だけにあるのではない。その身に宿る天然真珠や貝殻内面の光沢が、宝飾品としての高い価値をもっていたと思われる。

図21 ● 大浦山洞穴出土のアワビの貝殻片（上）**と卜骨**（下）
上は加工途中のアワビの貝殻片。見事に裁断し、製品づくりを目指している（右端：長さ8.4cm）。下は卜骨。表面を点状に焼き、ヒビを生じさせて、その形状から吉兆を占う。肩甲骨はイノシシ、ほかはシカの骨（右端：10cm）。

洞穴内で多数みつかった三角形や四角形に裁断されたアワビの貝片は宝飾品として利用された材の一部と考えられ、貝殻を自在に裁断する技を用いていたことがわかる。このような技法は「切り貝」とよばれ、貝細工師にとって高度な専門的技術といわれている。

海を越え山を越えた技術交流

こうした匠の業ともいうべき加工技術は、骨角器でもみることができる。「有栓《ゆうせん》弭《ゆはず》形《がた》角器《かっき》」とよばれる、弦楽器のネックのような形をした鹿角製の骨角器がみつかっている（図22）。この骨角器は側面に遊動するネジ状の栓を削りだしているが、一本の角からつくりだしたものである。このような高度の技を、弥生時代の洞穴利用者がもっていたのか疑問であったが、後でみる毘沙門C洞穴遺跡からその未成品がみつかり、洞穴内で製作していたことが判明した。

当初はハープのような楽器の部品と考えられていたが、現在では、弭として弓本体の先端につけ、弓をふるたびに栓の部分がカチャカチャと音を立てることで、邪気を払う祭祀的な道具とする説が有力となっている。本洞穴の有栓弭

図22 ● 有栓弭形角器

左が大浦山洞穴出土（長さ8.6cm）、右が群馬県高崎市の新保田中村前遺跡出土。弦楽器の一種と推測されていたが、現在は弓の先端につけ、邪気を払う祭具と考えられている。

形角器とまったく同形の骨角器が群馬県高崎市の新保田中村前《しんぼたなかむらまえ》遺跡から出土しており、北関東内陸部との技術的交流を示すものといえる。

破壊された人骨

大浦山洞穴が注目された理由の一つに、洞穴の奥でみつかった人骨をめぐる問題がある。洞奥の岩塊の隙間から発見された八九九個の人骨片は、一三体の成人と一体の六歳前後の完全な小児骨であったが、成人骨は意図に破壊され、各部位は散在し、埋葬されたものか確定できる状況ではなかった。顔面の骨は打ち割られ、頭蓋骨には眼球をえぐり、脳をとりだした際につい た削り跡があり、腕骨には肉を削いだ痕跡もあった（**図23**）。

その状況は、縄文時代の獣類の解体法に類似しており、あまりにひどい骨の破壊から、通常の死でなく、強い憎しみを帯びた集団的な殺戮の結果と想定された。調査者の東京大学人類学教室の鈴木尚《ひさし》は、人肉を食したと推測している。

洞穴遺跡で人骨が多数みつかったのは大浦山洞穴だけではないが、意図的破壊の痕跡はほかの洞穴ではみられない。はたして洞穴眼前の海辺で、どのような悲惨な行為がおこなわれたのか、その理由はどのようなものであったか、謎を残す洞穴遺跡である。

図23 ● 大浦山洞穴出土の打ち割られた頭骨
洞奥の岩塊の隙間に押し込むように置かれていた。一部が打ち割られ、脳みそを掻きだしたと思われる傷が認められている。

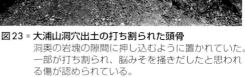

3　間口東洞穴

間口東洞穴は、松輪バス停から間口漁港へと続く道ぞいの人家裏手で発見された。この人家の背後には標高二五メートルの崖がせまっており、この崖地が急傾斜危険地区に指定され、擁壁工事をおこなう際に発見された洞穴である。洞穴の入り口部は標高九メートルで、ほかの洞穴の入り口部よりも二メートルほど高い位置にある。幅は三メートル、高さ三・五メートル、奥行きは八メートル以上あり、入り口は三角形をしている。

この洞穴からは、縄文時代後期の称名寺《しょうみょうじ》式・堀ノ内《ほりのうち》式・加曽利《かそり》B式・三十稲葉《さんじゅういなば》式土器が出土しており、そのころから使用されていたと考えられる。ただし、土器片錘《へんすい》や貝刃の存在から短期的な漁撈であったと推測される。この時期に該当する層から出土した自然遺物は、マイワシ・サバ・マアジが多く、ついでマダイとなる。内湾性のクロダイ・ボラなどはみられない。また、イノシシ・シカなどの哺乳類や鳥類も少なく、狩猟的な活動は限られたものであったと考えられる。

縄文時代の層の上には、薄く弥生時代の遺物包含層が認められ、わずかな土器片がみつかっている。時期は、三浦半島内で数少ない須和田《すわだ》式土器が出土したことから、弥生時代中期中葉に相当する。洞穴遺跡特有のラミナの堆積層はなく、短期的な利用であったと思われる。

さらに、この弥生時代の層の上からは古墳時代の一体分の埋葬人骨がみつかっているが、これについては第4章でみていくことにしよう。

間口東洞穴は大浦山洞穴から一七〇メートル、つぎにみる間口A洞穴からわずか七八メートルの場所にある。至近距離にあるこの三つの洞穴のなかで、この磯に最初に訪れ、そして短期間ではあったが漁撈活動をおこなったのが、この間口東洞穴を利用した人びとであった。彼らとその後の二つの洞穴を利用した人びとがどのような関係にあったのかは不明だが、この地域の歴史のページを最初に開いた洞穴として、間口東洞穴遺跡は意味をもつ。

4　間口A洞穴

大浦山洞穴から間口港にそって南西へ約二五〇メートル行くと、漁業組合の建物奥に神社の入り口らしき石段があらわれる。階段を上ると鬱蒼とした木々にかこまれた平場となる。標高は六メートル。その右手山腹に縦長の平行四辺形をした開口部があるものの、入り口はほとんど埋没した間口A洞穴がある。平場はかつての神明社跡で、戦時中に社殿がとりこわされた際に発見された。一九四九年から翌年にかけて横須賀考古学会が調査し、さらに一九七一年から七三年にかけて神奈川県立歴史博物館が調査している。

洞穴の標高は五・五メートルと比較的低い位置にある。入り口の幅は四メートル、高さは六メートル、奥行きは一八メートルで、東向きに開口している。洞穴内の堆積土は四メートル以上あり、表土から一メートルほど下に弥生時代の層がみつかった（図24）。その上面には岩塊でかこわれた古墳時代中期以降の墓が八基発見されている。

弥生時代に属する層には、洞穴遺跡特有のラミナが一メートルほど堆積していた。これらの層からは、骨角製の釣針やヤス・回転式銛頭と、貝輪やアワビ貝製の銛頭や短冊状の製品、さらにシカの骨を用いたト骨が出土した。

卜骨・卜甲の発見

卜占は、シカやイノシシなどの肩甲骨を用い、骨の表面に熱した一〜二ミリほどのハハカの木（山桜）の枝先を押しあて、焼灼することで生じるヒビをもって占うものである。「魏志倭人伝」や奈良時代の『古事記』『万葉集』などに、卜占（骨占い）がおこなわれていたことが記されており、古代人にとって生活と密接なものであった。

その卜占が弥生時代におこなわれていたことを、間口Ａ洞穴遺跡の卜骨がはじめて証

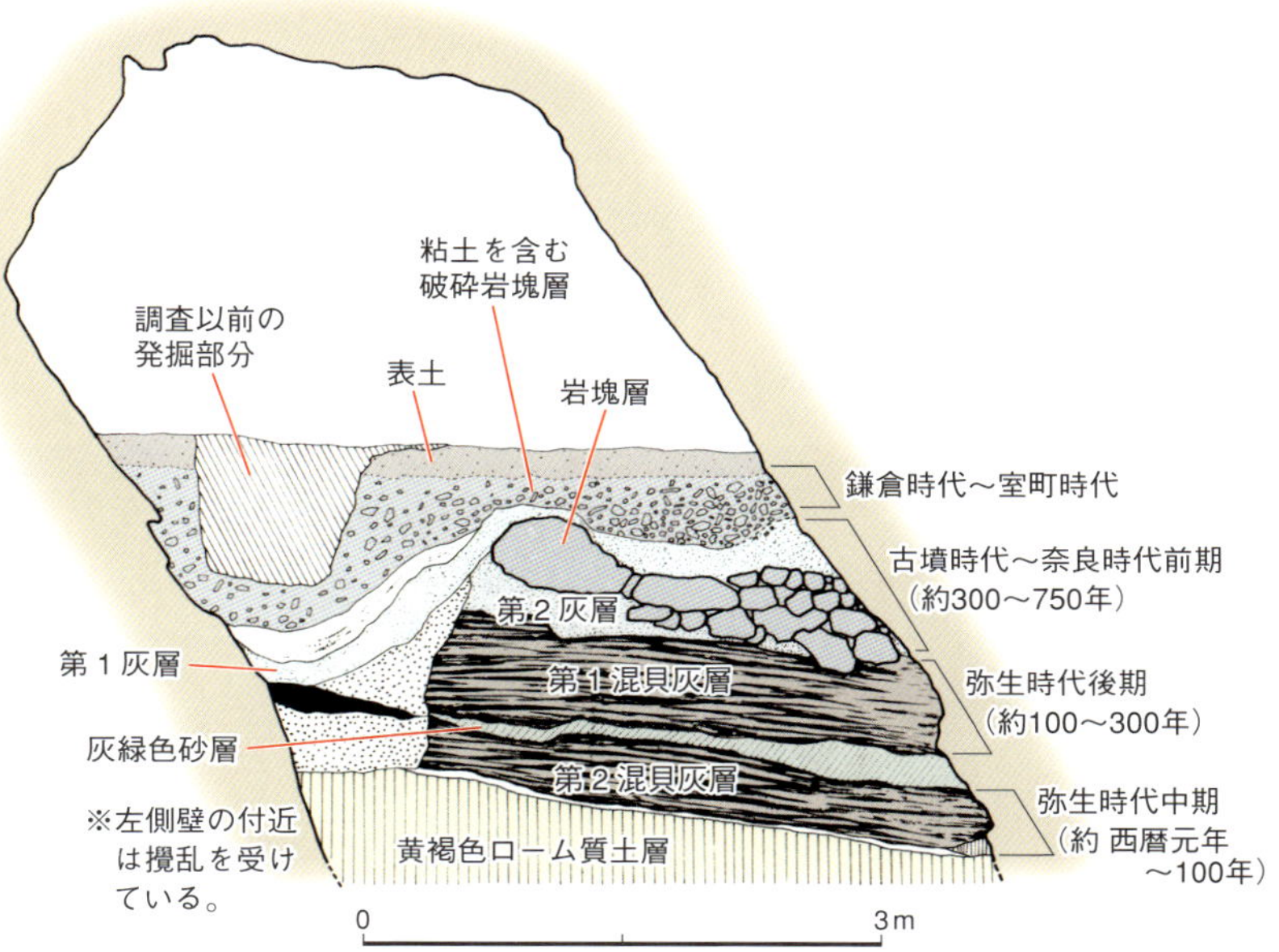

図24 ● 間口Ａ洞穴遺跡の堆積層
断面は平行四辺形で、堆積土は４m以上ある。ラミナ層は1mほどの厚みがあり、中期後半と後期の大きく２枚に分けることができる。あいだに砂層が薄く貫入しており、短期間使用していない時期のあったことを示している。

明したのである。

さらに一九七一年には、亀の腹甲を用いた占い具「卜甲《ぼっこう》」がみつかった（図25）。これは天皇家の儀式や国家的軍事・政治に関する占いに用いられた、亀卜《きぼく》とよばれるものの存在を立証する資料であり、日本で最初の発見された貴重なものである。

現在、弥生時代から古代にかけての卜骨・卜甲の出土遺跡は、北海道から長崎県まで全国六五遺跡を数えるが、一地域で卜占に関する遺物が一三カ所もで発見されているのは三浦半島以外にはない。そのなかにあって、洞穴内で亀卜がおこなわれたのは間口A洞穴のみで、間口A洞穴の位置あるいは場が、重要な意味をもっていたと考えられるのである。その点については第4章でふたたびふれることにしよう。

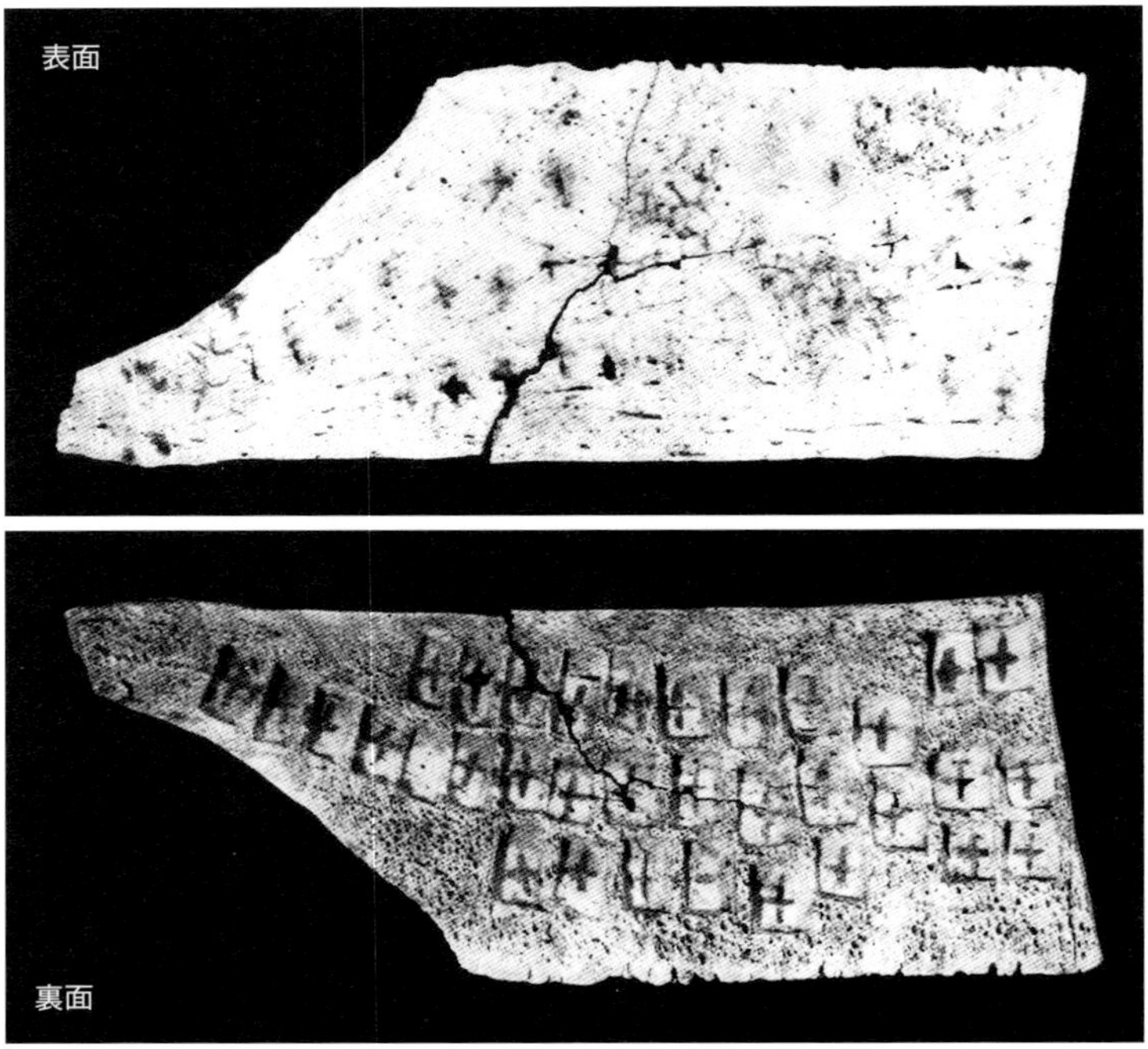

図25● 間口A洞穴出土の卜甲
亀卜に用いられた亀の腹甲で、讃孔（さんこう）とよぶ小さな長方形の穴をいくつも彫り、そのなかに十字状の火拆（かたく）を押しあて、表面に出るヒビをもって占う（長さ11.9㎝）。

岩塊に隠れた人骨

間口Ａ洞穴では、弥生時代に属すると推定される頭骨が二つみつかっている。洞穴奥の右側壁に、埋葬施設としては貧弱な礫岩でかこんだなかに肋骨や顎骨などのわずかな骨とともにあった（**図26**）。このような事例は、先にみたように大浦山洞穴でも一例あり、同じく側壁の礫岩に隠したように置かれていた。調査者の神澤は、狭い空間に埋葬していることから洗骨葬《せんこつそう》と推定している。洗骨葬とは、一度遺骸を埋葬し、その後骨化したものを掘りだし、いくつかの部位だけを選んで新たに埋葬する葬法である。二度埋葬をおこなうことから改葬・再葬・二次埋葬などともよばれている。

神澤は、成人の骨を壺に入れ埋葬する、縄文時代晩期から弥生時代中期初頭にみられる再葬墓との類似から、弥生時代に所属するものと推測し、中期後半の宮ノ台《みやのだい》式土器の時期のものと想定した。そして、その壺を用いない洞穴でのあり方を新たに集骨墓《しゅうこつぼ》と名づけ、台地上の集落にみられる方形周溝墓《ほうけいしゅうこうぼ》という、四辺を溝で区画したなかに埋葬する西日本から伝えられた埋葬形態との違いを、習俗および文化の違いと指摘した。そして、同一地域内に習俗を異にする二つの集団がいたと推測した。

はたして神澤が指摘するように、地域内の台地上の集落と海崖の洞穴とで、異なる文化をもった二つの集団が存在したのであろ

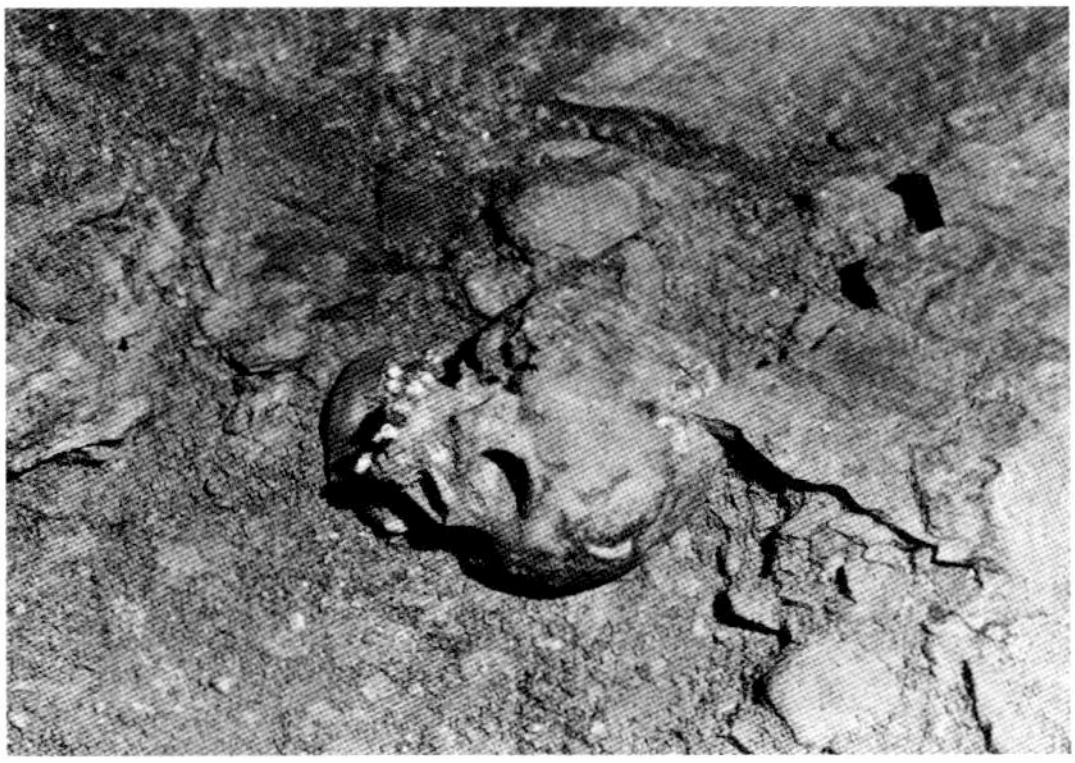

図26 ● 間口Ａ洞穴出土の人骨
頭骨のみが岩の隙間に埋葬されており、
大浦山洞穴の例と類似する。

うか。台地上の集落遺跡と洞穴遺跡との関係は三浦半島の地域史の課題であり、次章でみていこう。間口A洞穴は、いまも鬱蒼とした木々にかこまれ、深く静かに埋もれている。

5 毘沙門洞穴群

松輪入口からさらにバスで行くと、道は下りはじめ、半島先端の海岸に出る。その江奈湾《えな》を左手に眺めながら、毘沙門バス停で降車する。防波堤を越えると海蝕崖に沿って毘沙門洞穴群へのハイキング道がある。

ハイキング道をしばらく行くと、波打ち際にコンクリート製の円筒形構造物を柱状に並べた道になる。海面からは二メートル以上の高さがあり、幅は狭く、しかも柱と柱のあいだには隙間があって足を踏み出すのがこわいくらいだ。潮の具合によっては崖に押し寄せる波しぶきが顔にかかることもある、緊張感あふれるハイキングとなる。一〇分ほど恐る恐るこの道を渡っていくと、突然、視界が大きく開け、平坦な毘沙門海岸があわられる。

毘沙門洞穴群は、間口港から西に約二・三キロの位置にあり、標高三〇から三五メートルの八浦原《やうらばら》とよばれる台地の海蝕崖に南向きに開口している。目の前には毘沙門海岸の磯浜が大きく広がっている。標高七メートルから五メートル付近に、A〜Cの三穴が並んで開口し、D洞穴のみ離れた東側の低位置に落石で埋まった状態で発見された。毘沙門洞穴群の前面の広い磯は、関東大震災の際に隆起した海蝕台で、震災以前は洞穴近くまで波が接近していたという。

毘沙門A洞穴

A洞穴は洞穴群中もっとも小さな洞穴である。標高七メートル付近にあり、入り口の幅は二メートル、高さ一・四メートルしかなく、奥行きは一一・五メートルである。この規模から日常的な活動は無理と推測できるが、表土からは弥生時代後期の土器片や古墳時代後期の坏や直刀・鉄鏃などが発見されており、墓として利用されていたと思われる。

毘沙門B洞穴

A洞穴の東側七メートルの位置にB洞穴がある。入り口の幅は六・二メートル、高さは四・二メートル、奥行きは一七メートルである。入り口から内部をのぞくと、天井から側壁にかけて内筒状に加工されたようなドーム状の形状をしている。床には落石が散乱している。

内部の堆積層は三枚の文化層に分けられた。一番上の第一文化層は八世紀から近代の遺物が混在する層で、その下の第二文化層からは七世紀代の土師器や鉄製・青銅製の釣針が発見された。二点の釣針は、骨製の軸と組み合わせて用いる、カツオ漁の疑似針と推測されている。このような

図27 ● 毘沙門洞穴群
標高50mほどの垂直にそそり立つ八浦原の海蝕崖の中腹にある。
写真前面の磯は関東大震災によって隆起した。

疑似針は、三浦半島内にある古墳時代後期の砂丘遺跡から出土しているが、青銅製釣針はきわめてまれなもので、実用品というより副葬品として製作されたものといえよう。

さらに下の第三文化層からは、弥生時代の卜骨をはじめ、髪飾りやヤス、回転式銛頭などの骨角器、「貝包丁」とよばれる穂摘みに用いられる石包丁に類似した形のアワビの貝製品（図28）、貝輪などがみつかり、弥生時代後期の土器も出土している。層自体はきわめて薄く、最大でも一五センチほどであるが、層中に多くのアワビの貝殻や鹿角製アワビ起こしが発見されおり、眼前の磯を漁場としてアワビ漁をおこなっていたことがわかる。貝殻には切断されたものが多くあり、大浦山洞穴同様、アワビの貝製品を製作していたと推測できる。

毘沙門B洞穴で発見されたアワビの貝製品を「貝包丁」と名づけたのは赤星で、穂摘み用の石包丁と類似することから、台地上の集落との交換財と考えた。これに対し神澤は、間口A洞穴から出土した貝包丁の刃部を観察し、使用された痕があるとし、「藻塩焼く」という製塩の仕方から海藻類を採取するための道具と推定した。

一方、「貝包丁」そのものの存在に疑義をもつ考えもある。交換材として貴重な貝殻をあえて利器として用いる必要があったのか、稲や海藻を刈るのなら貝刃で可能ではないかという考

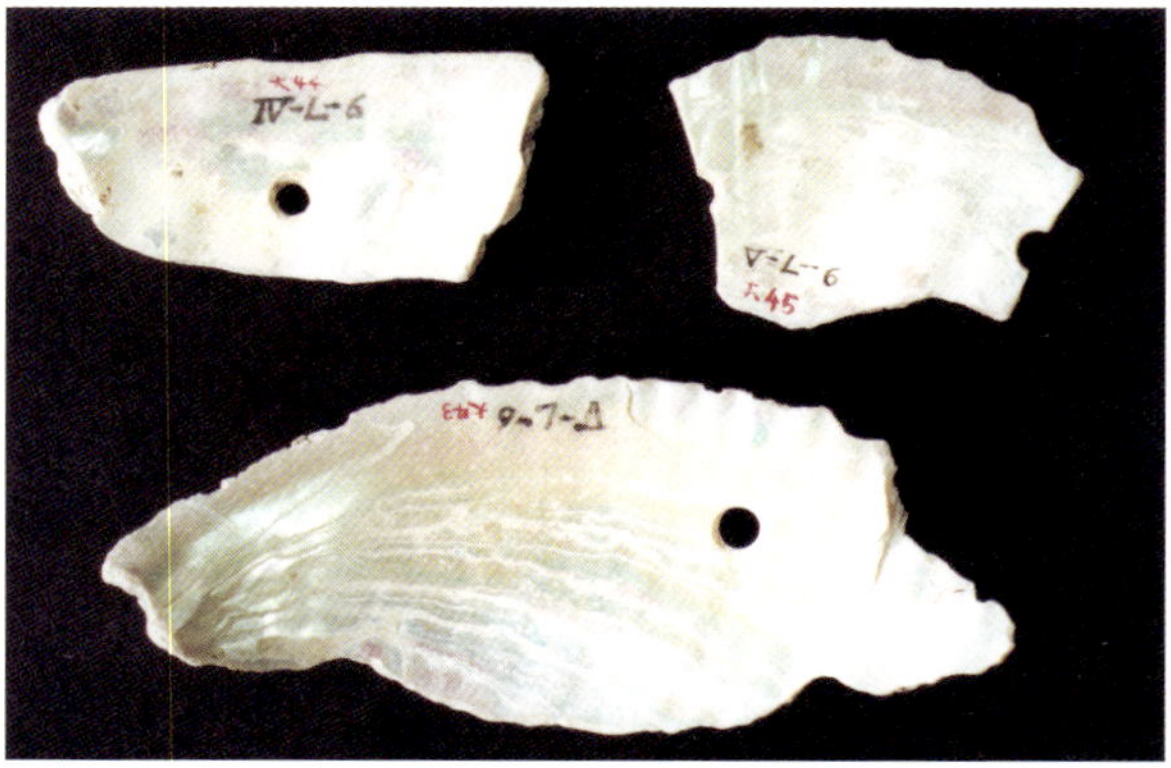

図28 ● 大浦山洞穴出土のアワビの貝製品
うがたれた孔や形状が石包丁に類似することから「貝包丁」と命名されたが、現在では海藻を刈る道具、あるいは装飾品の製作途中のものとする考えもある。

えである。はたして「貝包丁」とは何なのか。宝飾品の材料であったのか、石包丁に換わる穂摘み具なのか、あるいは製塩用の海藻を刈る道具であったのか。「貝包丁」をめぐる問題はいまだ解決していない。

毘沙門C洞穴

C洞穴は、毘沙門洞穴群でもっとも大きな洞穴である。入り口の幅は一一メートルあり、奥行きも二〇メートルあり、床には最大一・七メートルの堆積層があった。洞穴の入り口から五〜六メートル入った西壁側には、岩塊を壁と並行して置き、その内部に多数の人骨が散乱している。さらに入り口付近にも、七〜八世紀代に属すると推定される岩塊を石棺《せっかん》状にした伸展葬《しんてんそう》の人骨が発見されており、墓として利用されていたことがわかる。

この墓を構成する層の下から、弥生時代後期に相当する土器をはじめとした数多くの遺物が発見されている。骨角器には、大浦山洞穴遺跡で発見された有栓弭形角器の未成品をはじめ、回転式銛頭や釣針・ヤス・鏃、さらにイノシシの牙製腕輪や卜骨などがある。

この洞穴からも、アワビの貝殻片が数多く出土している。貝細工に用いられた残りの貝片と思われるが、その数は多い。さらに貝製品で注目すべきは、タカラガイを使用した貝製品の発見である（図29）。

三浦半島の洞穴遺跡でタカラガイがみつかったのは、本洞穴と相模湾沿岸部にある西ノ浜《にしのはま》洞穴、さらに毘沙門海岸へと続く松輪海岸入り口の海岸から崖にある松輪海岸横穴墓だけである。

松輪海岸横穴墓では製塩土器と思われる土器片と加工されたタカラガイ一個が発見されている。赤星の記録によれば、C洞穴からは弥生時代後期の土器とともに七個のタカラガイが出土し、そのうち五つが背面を打ち欠いて平滑に磨かれ、残り二つは自然のままであったという。現在、加工品のタカラガイ四点は東京国立博物館に、一点は三浦市に保管され、三浦市のものはハナマルユキダカラと鑑定されている。

タカラガイの身は毒を含んでおり、食用にはならない。これまで加工に使われたタカラガイは、縄文時代草創期から古墳時代の遺跡で出土しており、その範囲は沖縄から本州にまでおよぶ。ただし発見例は少なく、また死者にともなって出土する場合もあり、たんなる装飾品としての貝細工とは思えない。

タカラガイの美しさは背面の模様にあるが、その模様部を切断しており、腹面が重要な意味をもつといえる。タカラガイの腹面の形状は女性器に類似し、新たな命を誕生させる力を感じることから「子安貝《こやすがい》」ともよばれている。それは霊力を感じ、誕生や再生を願う祭祀的な意味をもつ貝製品であったと推測される。

このように毘沙門B・C洞穴からは、多くの貝輪未成品や破損品、さらに鹿角先端部や骨角器未成品などが出土しており、貝輪や骨角器の工房、生産遺跡と考えることができる。

図29 ● 毘沙門C洞穴出土のタカラガイ製品
日本だけでなく広くアジア大陸で貴重品として扱われいた。日本では縄文時代早期から出現しており、人骨にともなう出土例が多い（長さ3.4cm）。

毘沙門Ｄ洞穴

Ｃ洞穴から東へ一五メートルの位置にあるＤ洞穴は、現在大きな危機を迎えている。赤星が調査した時点ですでに入り口が崩落していたが、現在はさらに水の滴りによって崖表面が脆くなり、近づくことができない状態である。

この洞穴からは、弥生時代あるいは古墳時代と推定される、赤彩された磯岩にかこまれた伸展葬の人骨がみつかっている。この人骨は海亀の骨を二個ともなっており、海亀が亀卜と関連するものであることから、被葬者の性格がどのようなものであったか注意をひく洞穴である。

以上、群として弥生時代から古墳時代への移り変わりを、一つの場所をとおして観察できる遺跡はここだけであり、毘沙門洞穴群は三浦半島に残された貴重な遺跡といえる。

6　雨崎洞穴

さて、ここでふたたび松輪入口のバス停に戻ろう。雨崎洞穴へは大浦山洞穴へ通じる道と反対の左手の狭い坂道を下っていく。坂の下には丘陵にかこまれたような畑地があり、この畑地に沿って直線の道が堤防状の砂丘にむかって伸びている。その砂丘と道路が交錯する位置に標高三〇メートルほどの北向きの丘陵が道を塞ぐように立ち上がっている。洞穴は、この東京湾にむかって突きでた丘陵の中腹にある。

入り口の幅は七メートル、奥行きは五メートルの小規模な洞穴で、開口部は標高一二メートルの位置にある。

雨崎洞穴が調査された理由は、その開口部の高さにある。洞穴位置が高いということは、隆起時期が早いことを示すもので、それは洞穴利用時期の早さ、古さと関連する。つまり、縄文時代から弥生時代への移行期の解明という課題を、この洞穴遺跡によって解決しようと試みたのである。

洞穴利用の変遷

調査は一九六六年から翌年にかけて合計三回おこなわれ、弥生時代前期後半から古墳時代後期にかけての遺物がみつかった。

洞穴内の壁面には赤褐色の被熱痕があり、表土近くには人骨片と思われる細かな白い粒や炭化した骨などが認められたことから、ここが火葬場であり、墓場でもあると推測された。このわずかな奥行きに墓に用いられた多くの礫岩が重なりあい、調査はそれらを除去しながら弥生時代の層へと移行していった。その過程で、古墳時代初頭の木棺《もっかん》に埋葬された幼児の墓を発見しているが、この墓については第4章でふれる。

弥生時代の層はこの木棺墓の直下からはじまり、およそ一・五メートルの厚さに堆積してい

図30 ● 雨崎洞穴の遠景と土層断面
ほかの洞穴が標高7mほどの位置にあるのに対し、雨崎洞穴は標高12mほどの高い位置にある。奥行きが狭く、洞穴というよりも岩陰とよぶべきか。左の写真は、洞穴から斜面に沿っての土層断面。貝を多く含んだ遺物包含層が観察できる。

る（図31）。ラミナの層は厚く、八五センチある。その下にも遺物包含層が認められ、条痕を器面にもつ土器群が発見されている。その下は自然砂層となり、やがて岩盤が検出される。

残念ながら、当初の目的である縄文時代の遺物は発見できなかったが、三浦半島の洞穴遺跡でもっとも古い弥生時代前期後半に利用されたことが判明した点は大きな成果であった。その最初の利用者は、千葉県の荒海《あらみ》貝塚や霞ヶ浦周辺で発見される「荒海式」とよばれる土器を使用した人びとである。発見された土器はきわめて少なく、ラミナの形成もないことから、この時期の利用は短期間であったことがわかる。

ただし「荒海式」土器は、雨崎洞穴以外に、逗子市にある弥生時代のキャンプ的遺跡である桜山《さくらやま》うつき野遺跡や集落遺跡である池子《いけご》遺跡など相模湾岸の遺跡からも発見されており、この時期における三浦半島と房総半島の関係の緊密さを示して

図31 ● 雨崎洞穴の木棺とラミナ
右手の人骨がみえるのが古墳時代の木棺墓。その下の縞模様が弥生時代の層。弥生時代と古墳時代との使用状況の異なりを見事に示している。

いる。

そのつぎの時期は、東海・伊豆方面などを中心に伊豆諸島などにも分布する丸子《まるこ》式土器や南東北地方からの土器などが混じりあった状態で発見されている。その後、これらの土器とは異なる、南関東で広く分布する須和田式土器が出土し、この土器にともなって二枚貝製の貝輪やト骨が発見されるようになる。

一方、洞穴遺跡特有のラミナ層はどうであろうか。ラミナの形跡がみられるようになるのは、須和田式土器が出土する時期からである。しかし、その層は薄く、本格的なラミナ層が形成されるのは、弥生中期後半の宮ノ台式土器の時期からであり、それとともに貝輪や骨角器の未成品が大量に出土する。つまり、ラミナの形成以前とそれ以後とでは、洞穴利用に違いがあることがわかる。

貝輪と骨角器製作

雨崎洞穴遺跡の特徴は、三〇〇点を超える貝輪片が出土したことである（図32）。この数は半島内のほかの洞穴遺跡で発見される量をはるかに凌駕している。用いられた貝種も多く、稀少貝のオオツタノハもあり多彩である。このことから三浦半島では、弥生時代中期中葉に、雨崎洞穴で貝輪の製作がはじまったと考えられる。その量と貝種の多さは他地域とくらべて群を抜くもので、貝輪製作が他地域との交換品として生産されていたことが推測されるのである。

もう一つ雨崎洞穴遺跡の特徴に、シカの角や骨を用いた骨角器製作がさかんにおこなわれていたことをあげることができる（図33）。

雨崎洞穴内で発見されたシカの角片は二〇五点、骨片は四一八点と非常に多く、シカの頭から足までの全身骨格がそろうほどである。角片二〇五点のなかには二〇点の落角や、頭骨から切りとったと思われる角座付きのものも六点ある。シカ一頭分を骨材を得るために解体していたことがうかがわれる。

これに対し哺乳類で二番目に多いイノシシの骨角は五七点しかない。そのほかにイルカ・ノウサギ・イヌ・タヌキ・ニホンカワウソなどの骨が発見されているが、いずれも一～二点ほどであった。また、鳥類ではアホウドリ・オオミズナギドリ・ウミウ・ヒメウ・カモメ・ガン類・カモ類・ウミスズメなど海鳥の骨が出土しているが、その個体数もせいぜい二～三羽程度にすぎない。したがって、雨崎洞穴を利用した人びとの狩猟は、シカに

図32 ● 雨崎洞穴出土の貝輪
上段左：オオツタノハ製貝輪（長さ7.2cm）。上段右：左はテングニシ、右はアカニシ製貝輪。下段左：チリボタン（長さ7.7cm）。下段右：ウノアシとイモガイ。2枚貝だけでなく巻貝も利用し、オオツタノハやチリボタンなどの南海的な貝輪もある。

特化していたことがわかる。

ただし、この傾向は雨崎洞穴に特有のことではなく、先にみた大浦山洞穴や毘沙門C洞穴、さらに後でみる西海岸の海外1号洞穴や池子遺跡からも、多くの加工痕のあるシカの骨角製の釣針や銛・ヤスなどの漁撈具の未成品のほか、シカの角自体も多く発見されている。つまり、シカは弥生時代には重要な生産材だったのである。

しかし、洞穴で使用された骨のなかで、頭骨の発見はわずかに海外1号洞穴の例のみであることは、雨崎洞穴を含めて洞穴遺跡で用いたシカの骨材は、解体後に選ばれた部位のみを持ち込んだ可能性を指摘できるのである。洞穴利用者と狩猟との関係は、洞穴の背後にある集落の生業とも関わって考える必要がある。

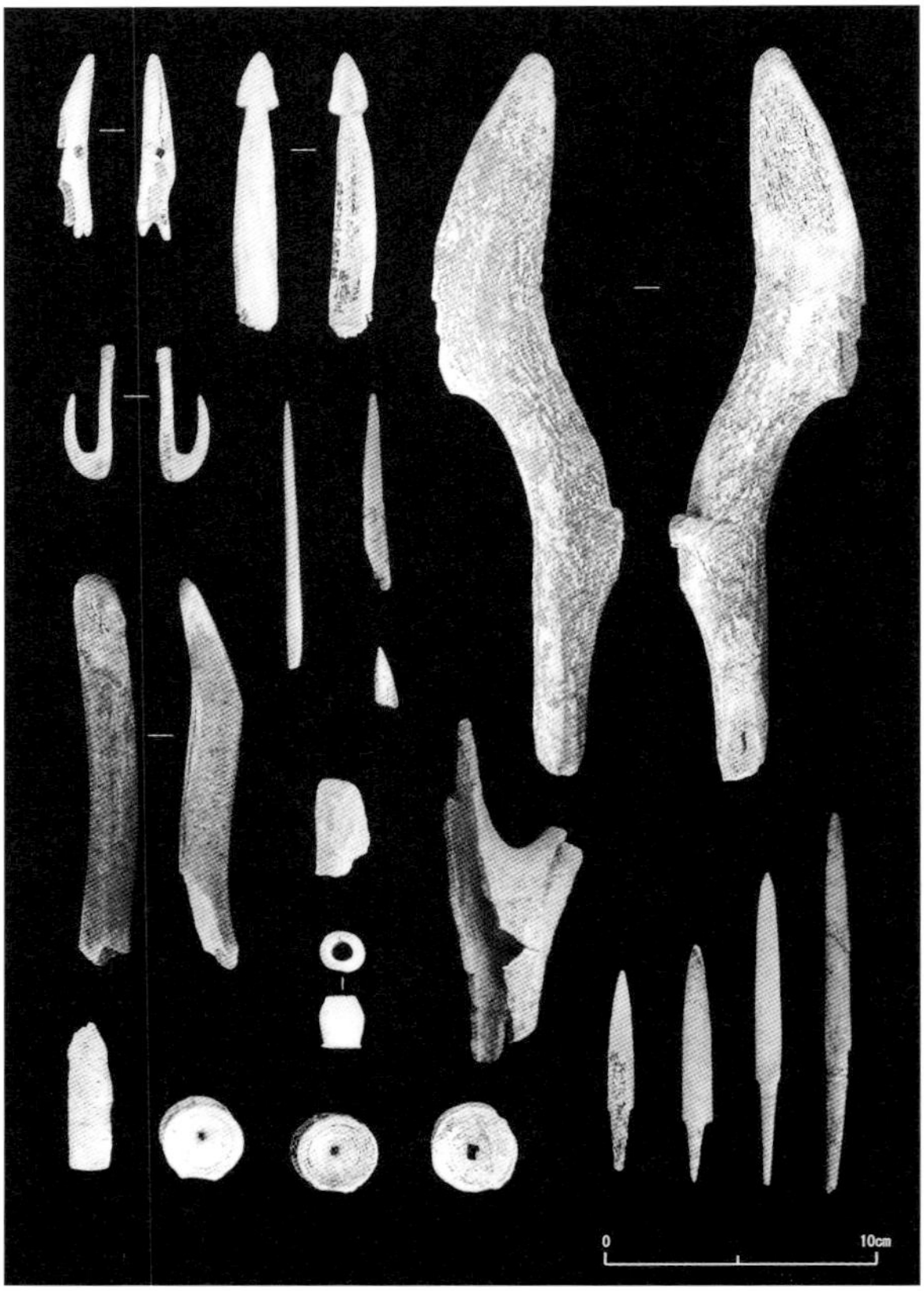

図33 ● 雨崎洞穴出土の骨角器
右端上段は鹿角製アワビ起こし、左上段は回転式銛頭、その下は未成品のヤス。骨角器の多くは鹿角を使用しており、洞穴内には鹿角片が多くみられた（横線でつながるのは一つの遺物）。

7　西ノ浜洞穴

半島南部の洞穴は、毘沙門洞穴群までを南部の東岸グループとし、三崎魚市場周辺から相模湾沿岸部に点在する洞穴群を西岸グループとくくることができる。

西ノ浜洞穴は、三崎魚市場から北西に三五〇メートルの位置にある海岸段丘の中腹に位置する洞穴遺跡で、一九八二年に急傾斜地区崩壊対策工事の際、新たに発見された。

この洞穴は、開口部に流入した土の上面で標高が八メートルあり、入り口の幅は九メートル、高さは二・五メートル、奥行きは二〇メートル以上と細長い。内部は後世の攪乱によって堆積土がかきだされていた。それでも、弥生時代中期後半から後期の土器片、さらに古墳時代前期および後期の須恵器片が採集され、洞穴利用の時期を知ることができた。

アワビの貝殻の多い洞穴

この洞穴内からはラミナの堆積は発見できなかったが、アワビの貝殻が多数発見された。貝殻は完全なものが多く、一部に貝殻を切断する過程のものも含まれている。さらに注意すべきことに、二枚貝の貝輪未成品や廃棄された貝片などがない。アワビの貝殻が多いことから、アワビの貝細工をおこなっていたと推測されるが、利用期間は短期であったのかもしれない。いずれにしても、ほかの洞穴遺跡と異なる内容を示している。

発見された人骨二例

西ノ浜洞穴遺跡からは、二体分の埋葬人骨がみつかっている。1号人骨とよぶ幼児と思われる人骨片が、右壁にそった一二メートルほど奥にある岩棚で発見され、かたわらに古墳時代前期の高坏片が認められた。人骨はバラバラの状態であったがほぼ全身の骨格を残していた。さらに洞穴入り口の右壁側の下には焼けた岩盤があり、弥生時代後期の土器が集中している脇から、三〇センチ四方の範囲に下顎骨・肢骨などの上に頭骨をのせたように埋葬された2号人骨が発見された。人骨に接して鹿角製の釣針も出土し、被葬者の性格を示す遺物となっている（**図34**）。

三浦半島の洞穴遺跡で、弥生時代の人骨が発見されたのは、間口A洞穴や大浦山洞穴などにすぎない。これらの人骨はいずれも副葬品がなく、また岩塊中から発見されているため、埋葬時期を確定する資料はない。それに対して西ノ浜洞穴2号人骨は、層序的にも副葬品からも、弥生時代後期に属する埋葬人骨と確定できる唯一の例といえる。

一体分の骨格がそろう1号人骨に対して、2号人骨は人骨

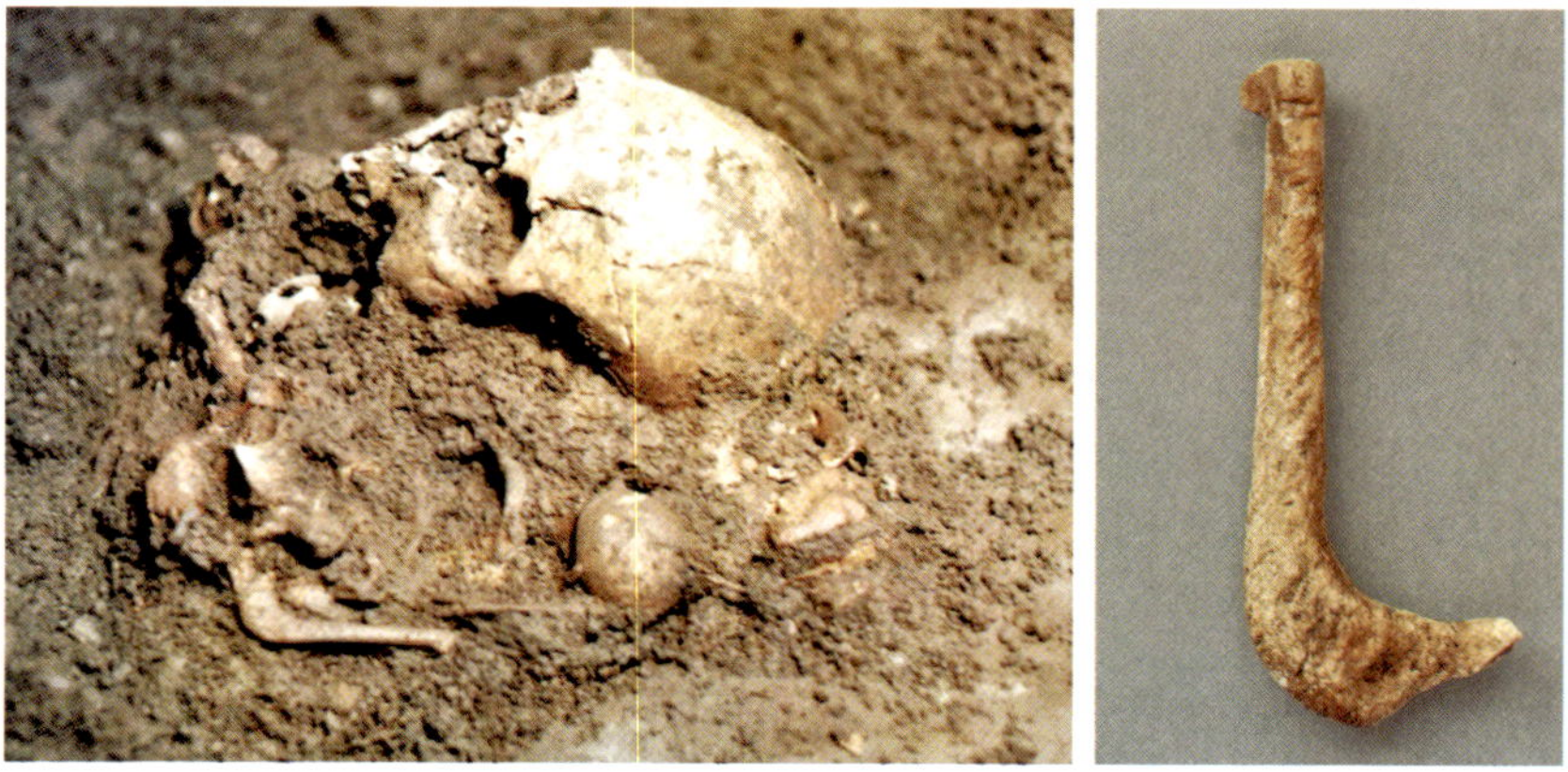

図34 ● 西ノ浜洞穴出土の2号人骨と釣針
頭骨を上にし、その下に肢骨や肋骨などがまとめられている。発見された状態は矩形を呈し、有機質の入れ物に置かれた状況を示していた。副葬された鹿角製の釣針（長さ8.1cm）は、被葬者の性格を物語っている。

の各部をいくつか集めて埋葬する二次的埋葬、すなわち「再葬」という形態をとっている。矩形の範囲にまとまっていたことから、木箱に遺骨を納めたものと調査者の岡本は想定している。

このような埋葬例はほかの洞穴にはないが、頭骨を中心とする埋葬法は大浦山洞穴や間口A洞穴にもあり、磯岩に埋葬することと何らかの容器に埋葬することが同様のことと考えられるのか、同一時期のものなのか、さらには副葬品ともいえる鹿角製釣針をもつ西ノ浜洞穴の被葬者の出自の特異さによる埋葬法なのか、弥生時代の埋葬法に課題を投げかける遺跡である。

8　海外1号洞穴

海外1号洞穴は、三崎漁業市場から西側に一キロほどまわり込んだ相模湾に面する諸磯《もろいそ》地区にある。海外地区の海岸はリアス式の入り組みの激しい磯浜海岸で、伊豆の山並みや大島が眺望できる風光明媚な土地である。洞穴の脇には神奈川県の天然記念物に指定されている、海底での地震を物語る「スランプ構造」を示す地層がある。

洞穴の入り口は幅一〇メートル、高さ五メートルで、奥行き一三メートルのトンネル状の洞穴である。入り口から前の

図35 ● 海外洞穴の遠景
道路と平行に岩盤が露出している崖面の奥に、トンネル状の空間となってみることができる（写真中央の崖面が図4左にあたる）。

三〇メートル先には、小規模ではあるが深く湾が貫入し磯浜が形成されている。海面との比高は七メートルある。不思議なことに、この洞穴遺跡の入り口は海に対して直角に位置しており、はたしていまみる洞穴が当初からの形状を保持していたのか疑わしい。おそらく洞穴の存在する丘陵先端が、海と並行して走る道路の建設時に切断され、当初の入り口部が削平されたのであろう。

洞穴内の堆積層は一三層に分層され、貝層や灰層がそれぞれ時代別に三層検出された（**図36**）。堆積層の下部には、弥生時代中期後半の宮ノ台式土器が出土する貝層に貫入するように、天井から崩落した巨大な泥岩の岩塊や角礫などが散在している。

第一貝層からは、イシダタミ・ウミニナが古墳時代初頭の土器にともなって出土し、第二貝層からは弥生時代後期の土器とともにサザエ・クボガイが、そして第三貝層からは大型サザエ・バテイラが出土している。遺物の多くは第二貝層およびその上部に位置するラミナから出土しているが、ほかの洞穴遺跡と同様、土器は少ない。

図36 ● 海外1号洞穴のラミナ
この洞穴でもラミナの存在を確認できた。この写真の部分は詳細に観察するために樹脂でかためて剝ぎとった。この直上は古墳時代以降の集団墓地となる。

多くの骨角器と卜骨

弥生時代後期の層からは、シカの角の先端部や骨角器を製作した際の削りかす（カンナで木を削ったときに出る丸まった木くずのような形をしている）にともなって、骨角器の未成品が数多く発見された（**図37**）。その数は三〇点以上あり、洞穴遺跡中もっとも多く、ヤスや回転式銛頭などの刺突具が多い。

これらに用いられる材には、シカの角を使用する例もあるが、複数の刺突具を束ねて用いるヤスにはシカの中肢骨を用いたものもある。シカは角だけでなく骨も材として広く用いられていたことがわかる。

卜骨は三〇点あまり出土した（**図38**）。三浦半島の

図37 ● 海外１号洞穴で出土した骨角器未成品
左は鹿角製の回転式銛頭（長さ6.8cm）、右は銛（右端：長さ9.6cm）の未成品。横浜市立歴史博物館の高橋護は、三浦半島の回転式銛頭を三浦型とし、東海地方との関連を指摘している。

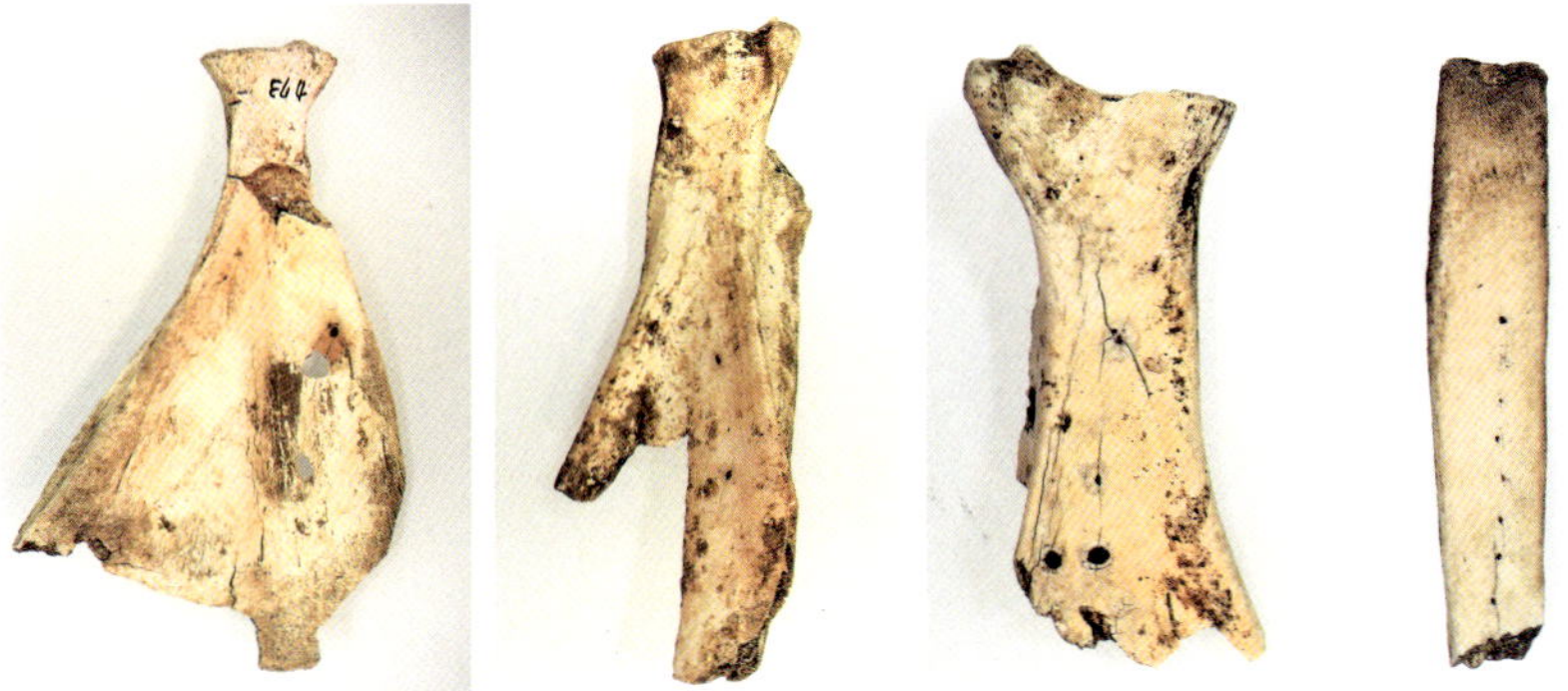

図38 ● 海外洞穴出土の卜骨
多くの卜骨が発見されているが、いずれも破損している。卜骨の廃棄にあたり意図的に破壊したのか、卜骨の使用と廃棄を考えるうえで貴重な資料といえる（左から長さ13.4cm、16.5cm、8.7cm、10cm）。

洞穴遺跡のなかでもっとも多い。使用された骨材はシカの肩甲骨・肋骨で、長さ二四センチの肋骨もある。

三浦半島で出土する卜骨の部位は、肩甲骨もあるが肋骨も多い。その理由として、「魏志倭人伝」に「挙事行来、云為する所有れば、すなわち骨を灼きて卜し、以て吉凶を占う（どこへ行くにも、何をするにも、まず占う）」とあるように、日常的に卜占をおこなったために肩甲骨の数が不足し、肋骨を使用したと考えられる。骨角器に利用した骨に卜占の痕が認められるものもある。このように卜骨に肩甲骨以外の部位を用いる事例は、房総半島の洞穴遺跡にもある。

骨角器とは反対に貝輪の出土数は少ないが、オオツタノハ製の貝輪二点のほか、ハマグリの貝殻を利用したボタン状の円形貝製品、ツノガイを輪切りにしたビーズ状の貝製品など、ほかの洞穴ではみられない製品もあり、海外1号洞穴でも貝製品を製作していたことは確かである。

また**図39**の刺突具はアホウドリの骨を利用したものである。宮城県仙台湾周辺の縄文晩期後半期の沼津《ぬまづ》貝塚などでもみられるもので、回転式銛頭の普及や鳥管骨の利用にみる三浦半島の弥生時代の漁撈具は、仙台湾から磐城地方の文化的影響を強く受けていることがうかがえるのである。

図39 ● 海外洞穴出土の鳥管骨の刺突具
左がウミウ、右がアホウドリの骨。先端部を鋭く斜めに削いである（右：長さ22.6cm）。

9　洞穴での人びとの活動

作業場としての洞穴

以上、三浦半島のおもな洞穴遺跡をみてきたが、概観して気づくことは、洞穴遺跡は多くの共通する内容をもっていることである。ラミナ、貝輪、卜骨、アワビの貝殻の多さ、そして骨角器の製品などである。

ラミナは縄文時代や古墳時代の層では存在せず、弥生時代中期後半に登場し、後期にさかんに形成された人為的な層と理解できる。幾重にも重なるラミナの広さは四メートル四方の範囲にすぎない。この層は垂直に掘るには硬く、横から移植ゴテを差し込むとパカッと剝ぐことができる。つまり、水平に敷いた灰・炭・砂などを上から叩いて突き固めたもので、ラミナの層の重なりは洞穴利用の頻度をあらわすものと理解できる。

そして、ラミナ層にともなって貝材や骨材がみられ、反対に、生活用具としての土器が少ないことは、この場が居住の場ではなく作業の場であったことを示している。ラミナの形成が活発となる弥生時代後期は、丘陵上に集落が増加する時期でもある。同時期に活発化する背景には、集落と洞穴とが密接な関係をもっていたことをうかがうことができるのである。

専業的・選択的な生産活動

洞穴遺跡でもっとも多く出土する漁具は、回転式銛頭を含めた刺突を主体とした銛やヤスである。これらの刺突具と、縄文時代にはみられないアワビ起こしの存在と絡めれば、潜水と突き漁を併用した漁法をおこなっていたことが推測される。

釣針も出土するが、小魚を釣るものではなく、大型魚を対象にしたものである。マグロ・カツオ・サメなどの大型魚やマダイなどの中型の回遊魚、さらにアワビや大型サザエなど、交換的価値のある魚介類を採集していたものと想定されるのである。

東北地方の弥生時代の漁撈の特徴について、奥松島縄文村歴史資料館の菅原弘樹は、縄文時代の漁撈が「網羅的」であったのに対して、弥生時代は「専業的・選択的」な漁撈形態になると指摘している。この指摘は、三浦半島の洞穴遺跡の漁撈および貝輪や骨角器の製作についてもあてはまる。雨崎洞穴や大浦山洞穴から出土した二枚貝の貝輪は、製作途中で廃棄された数は優に一〇〇個を超え、明らかに自家消費の枠を超えたものといえる。さらに、各洞穴内で発見されるアワビの貝殻やシカの角片、多くの骨などについても同様のことがいえる。

このように東北地方から関東地方、さらには関東地方の内陸部と沿岸部にかけて、技術と生業形態の類似性を指摘できる背景には、物や技術の移動にともなって広範囲にわたる人の移動があったといえる。

それでは、地域内においてはいったいどのような人の動きがみられるのであろうか。洞穴と集落という二つの遺跡に関して、神澤は習俗を異にする二つの集団と理解し、岡本は洞穴を台地集落からの「わかれ」とよんだ。一つの地域内の二つの遺跡をどのように理解していくのか、次章では三浦半島の弥生集落をみていこう。

第3章　台地の集落と海辺の洞穴

1　三浦半島の弥生集落

丘陵地・海蝕台地の縁辺部にある集落遺跡

三浦半島の面積はわずか一五〇平方キロにすぎず、大きな河川はなく、横須賀市の中央部を南北に流れる平作川《ひらさくがわ》や逗子市の中央部を東西に流れる田越川《たごえがわ》などの二級河川だけで、その流域にわずかな沖積地が形成されている。

北部の逗子市・横須賀市・葉山町では、丘陵地縁辺部に谷を望むように樹枝状の小台地が形成され、弥生時代の遺跡の多くはこの台地上にある。南部の三浦市域では、標高五〇メートルほどの海蝕台地の縁辺部に多く、台地を下った海蝕崖に洞穴遺跡がある。

このように三浦半島の弥生時代の集落は谷間を望む高台にあり、眼下の狭小な谷間を利用して耕作していたと推測される。

海辺と関連が深い集落

集落の多くは海岸から一キロの範囲内に形成され、確認された弥生時代の遺跡はおよそ一六〇カ所になる。これらの遺跡は、北から（A）逗子市田越川流域、（B）横須賀市小田和《おだわ》湾沿岸、（C）三浦市域、（D）横須賀市金田湾沿岸、（E）平作川流域および（F）鴨居周辺の六つにグループ化される（**図40**）。これらの集団がいずれも海岸部にあることは、半島内の弥生遺跡が海辺との関連が強いことを示唆している。

発見された弥生時代の遺跡の七割が後期に属し、当該期に遺跡数が増加することがわかる。三浦半島で弥生時代の集落遺跡が誕生するのは中期中葉以降で、雨崎洞穴が本格的に利用されだす時期と重なる。

それでは、三浦半島内の集落遺跡で人びとはどのような暮らしをし、近接した位置にある洞

図40 ● 三浦半島の弥生時代遺跡のグループ
平地の少ない土地のため遺跡規模は小さい。集落遺跡は占地からみて眼前の海との関係が強かったことがうかがえる。

穴遺跡とどのような関係にあったのであろうか。この課題を解くために、逗子市の池子遺跡と三浦市の赤坂遺跡の二遺跡をみていこう。

2　池子遺跡

池子遺跡の立地と調査の契機

三浦半島の北西端に位置する逗子市は、相模湾に大きく開口した逗子湾に面している。この逗子湾に市の中央部を東から田越川が流れ込み、田越川をはさんで市の南北は標高一〇〇メートルから二〇〇メートルの丘陵地となっている。市内の遺跡の多くはこの丘陵地に形成されているが、池子遺跡は田越川に近い北岸部、支流の池子川がつくる樹枝状の開析谷に形成された標高一三から五メートル前後の低地にある。

このあたりは戦後、米軍弾薬庫として利用されていたが、一九八七年に二八八ヘクタールの池子地区内の八三ヘクタールを米軍住宅地とする計画がもち上がった。これを契機に池子の「ゆたかな森」が失われることに反対する住民運動が沸き起こった。そのなかで一九八九年から九四年までの六年にわたり、住宅計画地内の埋蔵文化財調査がおこなわれた。

発見され弥生時代の河道

池子遺跡の調査の結果、縄文時代から近現代に至る多くの遺構や遺物が発見され、池子という一地域の数千年におよぶ歴史が考古学的手法で明らかにされたが、この遺跡でもっとも注目されたのは、調査区の最南端部でみつかった弥生時代の河道である（図41）。

河道の規模は、最大幅二〇メートル、流域の長さは調査区域内で一九〇メートル、最深一・七メートル。川底から縄文時代晩期の土器片が出土しており、河道の形成がこの時期であったことがわかる。さらに河道の上面には洪水のものと思われる弥生時代中期後半末の遺物を含んだ堆積物が認められ、河道の終焉がその時期であることが理解できた。

河道からは土器や石器だけでなく、本来は朽ちてその存在を明らかにできなかった骨角器や木器などの有機質の遺物が大量に出土した。このような有機質の遺物が残存できた理由は、この河道を埋める土砂が粘土質で、湧水がつねに土砂を浸して気密性の高い一種の真空状態が形成され、有機質の酸化を防いでいたからである。

河道をはさんだ左右の微高地からは、数軒の弥生時代の住居址がみつかった（図42）。遺物は集落から廃棄されたものと想像できたが、木器には未成品も多くあり、木の歪みを補正するため水辺に沈めていたものもあったと推測されている。集落がこの微高地に広がっていた

図41 ● 池子遺跡旧河道の発掘調査（右）**と掘りあがった河道**（左）
旧河道とはかつてそこに河川が存在していたという意味。現在の田越川がかつて流れていた流路と想定される。

ことは予想されるが、居住区の大半が調査区外であるため、その全貌を把握することはできなかった。

洞穴遺跡と同様の出土品

大量に出土した木器は鍬・鋤をはじめ臼や杵などの農耕具、弓やたも網、櫂などの狩猟具や漁撈具、そして機織り機や織物などに関する多様な製品が含まれていた。これらの木器とともに骨角器の釣針・銛・ヤス・鉄剣用の鹿角製柄やカンザシ、卜骨（図43・44）、太形蛤刃石斧《ふとがたはまぐりはせきふ》・柱状《ちゅうじょう》石斧・扁平片刃《へんぺいかたは》石斧などの大陸系磨製石器など多彩な労働用具・生活用品がみつかった。

また、それらの遺物にともなって、炭化米や堅果類などの食用植物、サメ・カツオ・マダイ・クロダイ・サバ・スズキなど内湾から外洋におよぶ魚の骨、シカ・イノシシ・タヌキ・サル・ノウサギ・イルカ・アシカなどの哺乳類やウ・ガンカモ・アホウドリなどの鳥類の骨角といった多くの食料残滓も出土

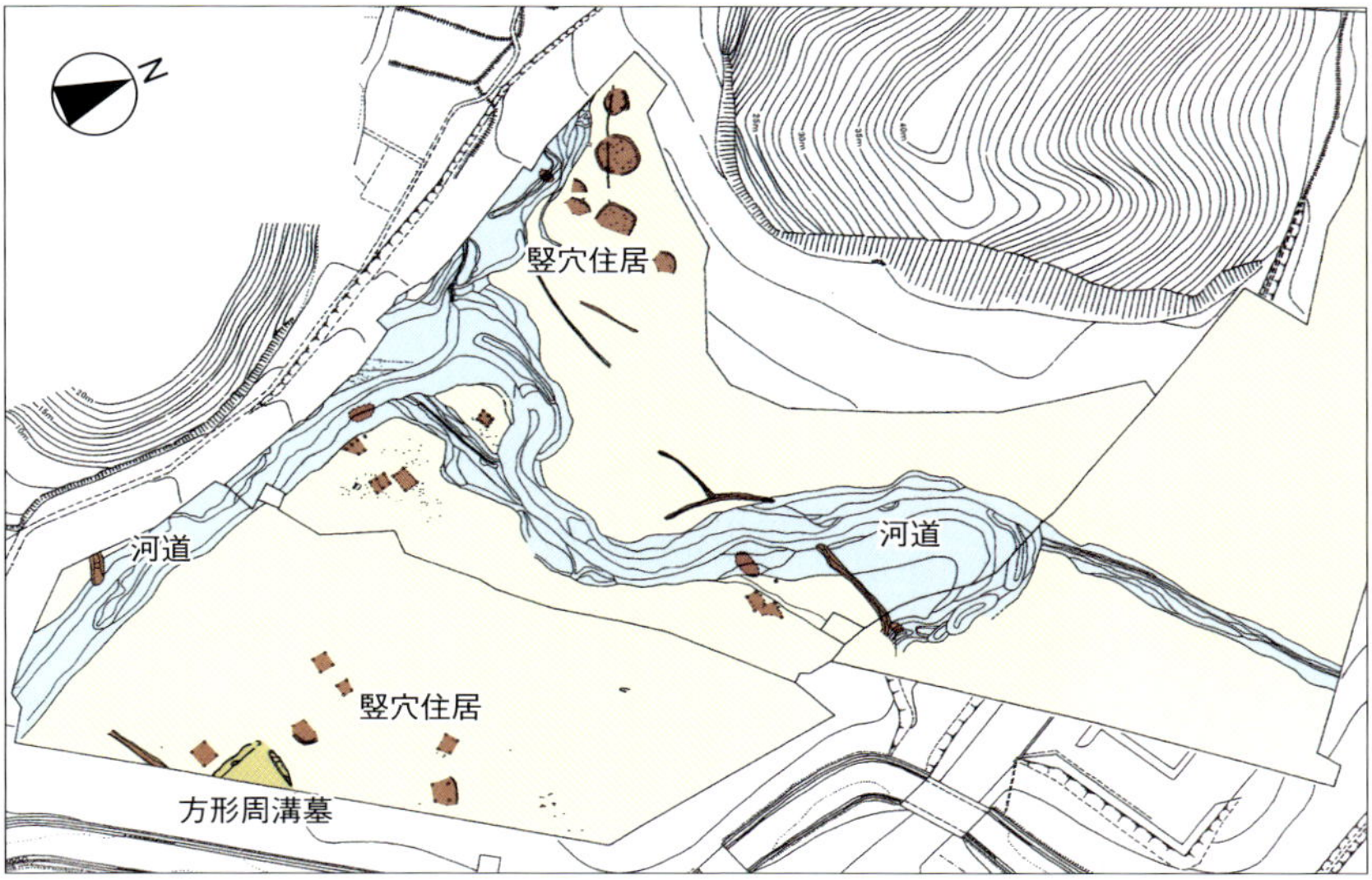

図42 ● 池子遺跡の弥生時代の河道と住居址
河道をはさんで住居が認められる。どのくらいの規模の集落であったかは不明だが、低地にも集落が形成されていたことは確かである。

した。

注目すべきは、発見された鳥類が、いずれも洞穴遺跡で検出されるものと同じ種類である点だ。これらの鳥類の存在は洞穴遺跡の特徴であるが、それが池子遺跡という集落遺跡からも発見されたことは、従来の洞穴遺跡の特徴であるという考えに見直しをせまる重要な発見といえる。

また、池子遺跡の自然遺物の調査を担当した早稲田大学考古学研究室の樋泉岳二《といずみたけじ》は、ここでの漁撈活動の最盛期が春のカツオやサメ漁であったと推定し、選択的漁撈をおこなっていたと指摘している。さらに、出土した釣針や回転式銛頭が洞穴遺跡から出土するものと同系統のものであることに言及し、集落遺跡と洞穴遺跡との関係の深さに注目した。

漁具だけでなく、カンザシやサメの歯に穿孔した装飾品なども洞穴遺跡からの出土品と同形

図43 ● 池子遺跡旧河道出土の卜骨・骨角器
上は卜骨、下は回転式銛頭・釣針・ヤスなど。洞穴遺跡のものと同様の大量の骨角器が出土した。とりわけ回転式銛頭は間口A洞穴のものと類似し、洞穴遺跡との関連を示唆する。

のものが多くみられる（図44）。さらに、群馬県の新保田中村前遺跡の骨角器を調査した動物考古学者の金子浩昌《ひろまさ》は、池子遺跡の河道から出土した有角柄頭とよばれる鉄剣の柄と類似性の高い製品があることを指摘し、両遺跡の関係の深さを指摘している。このように池子遺跡の暮らしのなかに、洞穴遺跡や関東地方内陸部との関連の深さをみることができるのである。

木器製作の意味

池子遺跡の河道から出土した木器とその未成品は、量が多いだけでなく製品も多様で（図45）、南関東地方で発見された弥生時代中期後半の遺跡のなかで屈指の内容をもち、明らかに自家消費を超えた余剰生産を物語っている。

その製品の多くが農耕具であることは、この時期すでに三浦半島内において完成された水稲耕作の技術と道具が普及していたことを示している。したがって、池子集落の生業形態は狩猟および漁撈という縄文的な暮らしのなかに、水稲耕作が組み込まれた複合的な生業形態を示しているといえる。

しかも、これらの暮らしにとり入れられた技術は、縄文時代の伝統的技術を継承しながら、その一方で、関東地方

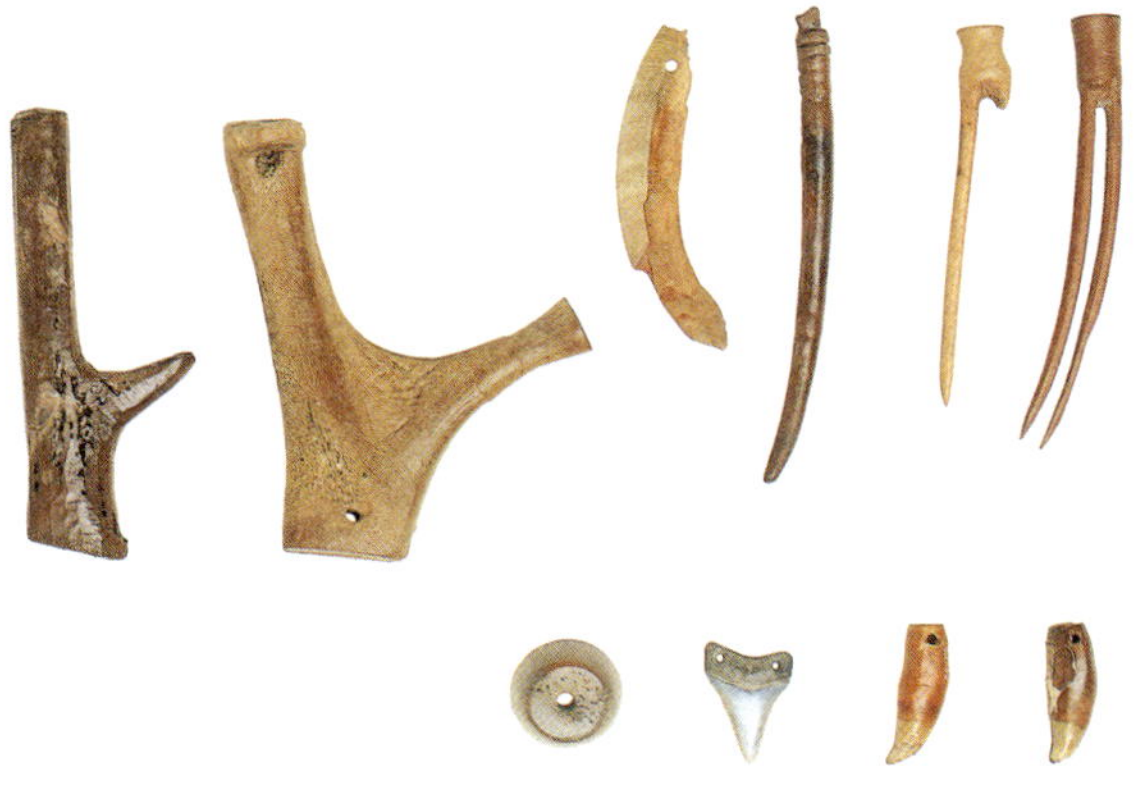

図44 • 池子遺跡旧河道出土の骨角牙製品
左から2番目は鹿角を用い、鉄剣の柄として製作されたもの。群馬県の新保田中村前遺跡のものと類似する。右上はカンザシ、右下の左から2番目はサメの歯に穿孔した装飾品。

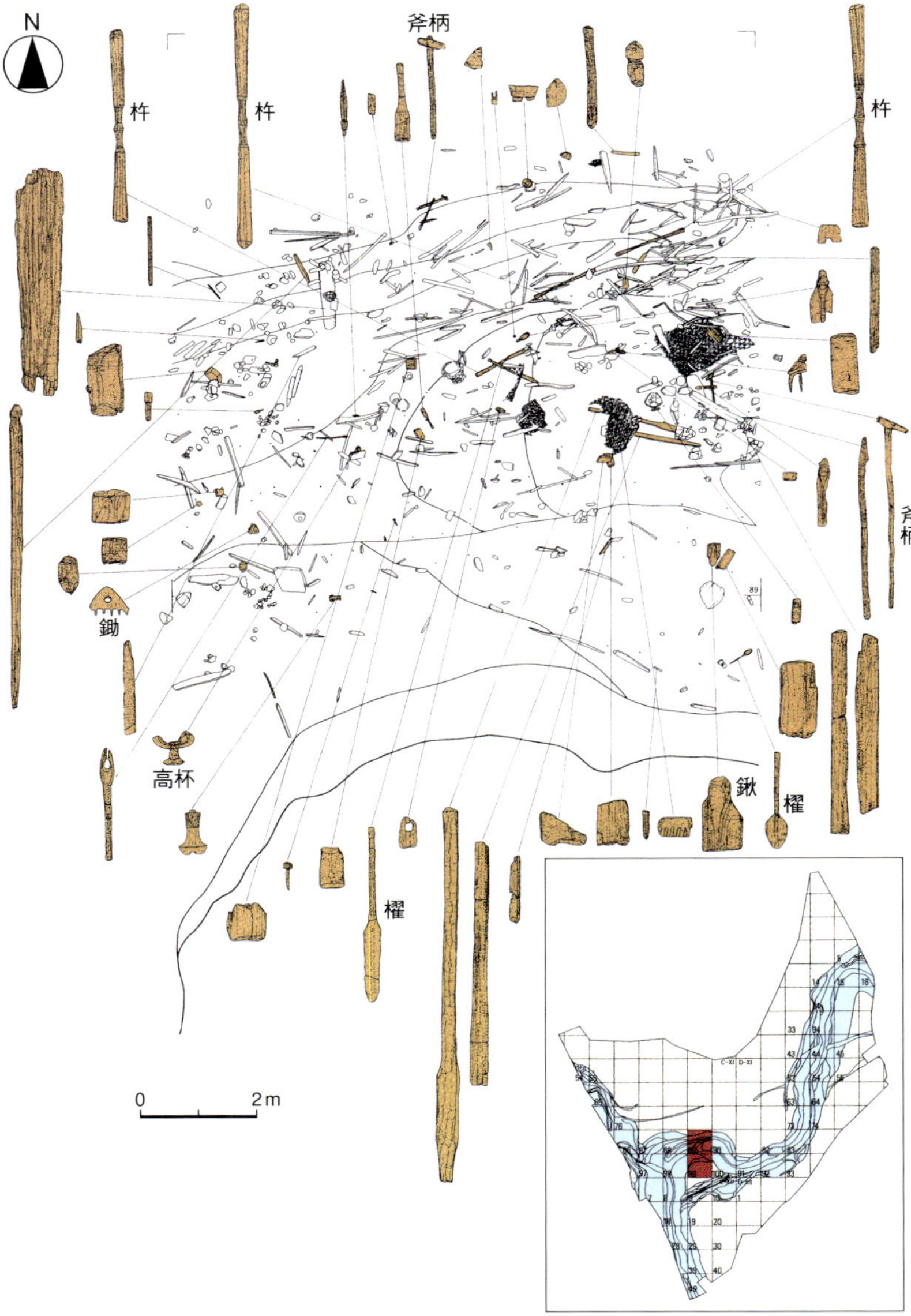

図45 ● 池子遺跡旧河道出土の木製品
農耕具としての鍬・鋤・杵だけでなく、櫂などの漁撈に関するものや機織り具など多彩な生業・生活の様子を示している。

あるいは太平洋沿岸部とも関連する広域的な内容もとり入れられており、この技術の交流にともなって木器などの余剰品を交換財として頒布していくことが可能となったと想定されるのである。

はたして、このような生業や遺物のあり方は池子遺跡のみに特有なものなのか。つぎに三浦半島最大の弥生時代の集落遺跡である赤坂遺跡をみていくことにしよう。

3　赤坂遺跡

三浦半島最大の弥生集落

京浜急行の終着駅である三崎口駅から左手に一〇〇メートルほど坂を上がっていくと、三戸《みと》入口と書かれた標識があらわれる。この標識を中心として半径一〇〇メートル前後の一帯が、赤坂遺跡の範囲である（図47）。

ここからの眺望はすばらしく、西に相模湾をはさんで伊豆半島の山並みを一望し、天城山や富士山が一際大きく視界に入る。遺跡の縁辺部には幾筋もの狭小な溺れ谷があり、遺跡のある場所は台地の突端部であることがわかる。谷底との比高は四五メートルほどある。これらの谷には台地に浸み込んだ雨水が湧きでて小川となって流れ、一九六〇年代まで農業用水として利用されていた。小川には多くの魚類が生息し、鮎や鮒、そしてウナギなどは農家の食卓を飾るものであった。

このように赤坂遺跡は相模湾一帯を眺望できる要衝の地にあるとともに、農耕および漁撈に適する周囲の環境を生かして誕生した集落といえる。三浦半島最大の弥生時代集落址として二〇一一年に国史跡に指定された。

赤坂遺跡の調査

赤坂遺跡の発見は古く、一八九七年（明治三〇）に土器や石鏃《せきぞく》、打《だ》製《せい》石斧などが採集されることを、後に地質学の権威となる佐藤伝蔵や金沢悌《てい》次《じ》郎《ろう》らが紹介している。その後、一九二九年（昭和四）に三戸浜へ通じる通称「御用邸道路」建設時に、赤星直忠が竪穴住居址の断面を発見し、この地が弥生時代の集落址であることを発表した。

さらに戦後間もない一九四八年、登呂遺跡の調査に参加した明治大学生の川上久夫は、三浦半島における弥生集落を知るため後輩の岡本勇らと発掘調査をおこない、弥生時代の鉄斧を発見している。

本格的調査が開始されたのは、遺跡内農地の「天地返し」により遺跡の破壊が急速に進行した一九七七年からで、現在までに二四次の調査がおこなわれ、遺跡全体の三割ほどが調査された。その結果、住居址が一七〇軒発見されており、その集落規模の大きさが想像できる。

図46 ● 赤坂遺跡からの眺望（左）**と赤坂遺跡周辺の溺れ谷**（右）
晴れた日には伊豆半島の天城の山並みや伊豆大島を望むことができる。
谷間は沼沢地となり、1960年代中ごろまで水田が耕作されていた。

赤坂集落の暮らし

赤坂集落は、弥生時代中期中葉から古墳前期前半までのおよそ五〇〇年間、この地に存続した。遺跡からは、日々の生活を物語る多くの遺物が出土している（図48・53）。網漁に使用した土錘《どすい》や突き漁に用いた骨製のヤス、釣針などは、漁撈活動をおこなっていたことを示している。住居址内からはシカ・イノシシの歯や骨、それにともなって石鏃が出土しており、狩猟活動をおこなっていたことを物語っている。一方、炭化したクルミ・モモなどとともに炭化米もみつかっており、植物の採

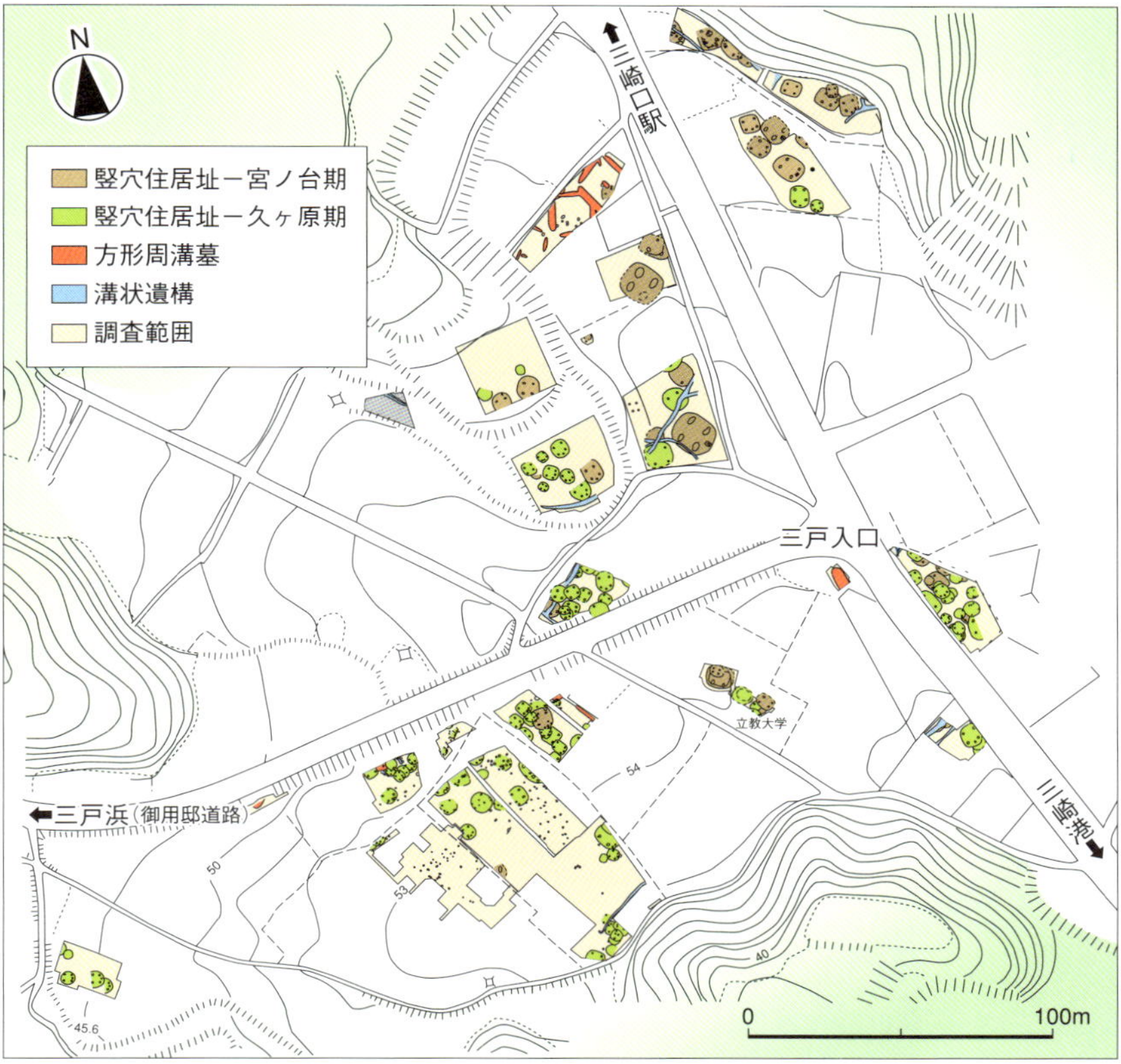

図47 ● 赤坂遺跡の集落跡
標高50m前後の海蝕台地上の弥生集落。弥生時代中期後半の住居は遺跡の北側に集中するが、後期の住居は遺跡全面に展開し、その数も増加する。

集や栽培、さらには稲作などがおこなわれていたことがわかる。また磨石《すりいし》や石皿《いしざら》などから、堅果類の製粉もおこなわれていたことが知られる。

このような出土遺物から、赤坂集落の暮らしは、池子集落と類似する複合的生業形態であったことがわかる。こうした生業形態を通じてどのように集落が発展していったのか、赤坂集落の特徴をみていくことにしよう。

神の宿る家

赤坂集落のもっとも特徴的な内容は「巨大住居」の存在である。一九七七年の第一次調査で、弥生時代中期後半に属する、長軸一五メートル、短軸一二・五メートルの住居址が発見された（**図49**）。

現在までに三浦半島の巨大住居址は、赤坂遺跡以外には、平作川流域の佐原泉《さはらいずみ》遺跡で長

図48 ● 赤坂遺跡の生業と食べものを語る出土遺物
左上：黒曜石製の鏃。石鏃は案外多く、活発な狩猟の存在を示す。右上：6～7mmほどの炭化したカラムシ製の平織の布。左下：短粒の米の塊。住居内から炭化米が発見される例が多い。右下：左の縦一列がイノシシの歯。ほかはシカの歯。いずれも食したものであろう。

軸一二メートルの住居址が検出され、また直径一〇メートルを超える大型住居址では小田和湾沿岸部の高原《たかはら》遺跡で検出されている。いずれも地域内で拠点的地位にある集落と位置づけられる遺跡からであるが、赤坂遺跡に匹敵する規模の住居址はなく、いかに赤坂遺跡が他の集落に対し隔絶した内容を誇っていたかがわかる。

この巨大住居址は、四つの主柱の柱穴が直径二メートルあまり、深さ一・五メートルほどで、柱穴の底には七〇センチほどの硬化面が認められた。ここに立てられた柱は直径七〇センチあまり、高さは少なくとも七〜八メートル前後の巨木と想定される。

この四本の巨木を赤坂遺跡まで運び直立させ、さらに屋根を葺く作業は、近隣の集落の人びとを総動員しておこなわれたと推測される。このような巨木の移動は長野県の諏訪大社の御柱《おんばしら》とよばれる御神木の移動と重なるものがあり、御神木にかこまれた聖なる場所として、巨大住居は各集落の人びとが集う共同施設であったと想像されるのである。

このような特殊な遺構を建設し維持する赤坂集落こそ、この地域の最初の開拓者、すなわち「草分け」としての「母村」であったといえる。

図49 ● 赤坂遺跡の巨大住居址
長軸15m、短軸12.5mの規模をもつ三浦半島最大の竪穴住居址。
弥生時代中期後半のもの。柱穴の大きさに注目してほしい。

出土遺物の特殊性

出土する遺物の量と質も、他の集落を圧倒するものがある。生産用具としての大陸系磨製石器や石皿、その石材である大量の礫、権威を象徴する銅環《どうかん》、有《ゆう》鉤銅釧《こうどうくしろ》、銅鏃《どうぞく》、短剣形鉄剣、板状鉄斧《てっぷ》、鉄製釣針などの金属器、装飾品としてのガラス小玉《こだま》や五センチは優に超える大型の勾玉、呪術的遺物と考えられる磨製石《ませいせっ》剣《けん》や斧と剣とが融合したようなかたちの有角《ゆうかく》石器、それに縄文時代の石棒《せきぼう》に類似した石器や鳥・臼・鏡などを模したミニチュア土器の存在など、遺物の多様さは三浦半島随一のものがある（図50）。

図50 ● 赤坂遺跡出土の権威・装飾・呪術にかかわる遺物
左上：鳥型土製品。地域の拠点的集落に発見される傾向がある。右上：大型勾玉の断欠品（厚さ2cm、現長4cm）。緑色凝灰岩製。左下：有角石器（左）と磨製石剣（右）。ともに数少ない東日本における弥生時代の祭祀的な石製品である。右下：有鉤銅釧。この種の銅釧は九州の貝輪から発生したもので、池子遺跡などで発見されている。

とくに注目すべきは、有角石器や磨製石剣などの武器的要素を示す遺物、鳥を模した土製品の存在などの呪術的遺物の多さであり、拠点的と総称される集落においても稀な遺物である。このような遺物の存在は巨大住居と関連し、集団祭祀を通じ地域集団と赤坂集落との帰属意識を高める役割を担っていたと考えられる。その特殊性は、生活用具でもある土器にもあらわれており、大型の枠に収まらないほどの大きさの巨大な甕や壺がいくつも発見されている。

さらに埋葬施設にも、長軸一七メートルの規模の方形周溝墓や、頸部欠損ではあったが高さ七〇センチ、最大幅四〇センチあまりの無文の大型土器の土器棺が出土した溝幅三・五メートルの方形周溝墓など、大型化の傾向を認めることができる（図51）。

発見された貝塚と赤坂集落の漁撈

八次調査の七号住居址では貝塚が発見された（図52）。貝塚のなかには、バテイラを中心にサザエ・スガイ・イシダタミ・アワビなど五〇種以上の貝類と、マイワシやマダイ・カツオなどの魚類、イノシシ・シカなどの哺乳類の動物遺存体がみつかった。この貝塚を構成している貝種を調査した野内《やない》秀明《ひであき》は、バテイラを優先種にサザエ・アワビといった、カジ

図 51 ● 赤坂遺跡の方形周溝墓
四辺に溝を掘り、中心部に埋葬施設を設ける畿内の弥生時代前期に誕生した墓。赤坂遺跡では中期後半に出現する。溝から儀式に用いられた底部や腹部に穴をあけた土器が出土した。

メなどの藻場に生息する種が全体の七〇パーセントを占め、スガイ・クボガイ・イボニシなどの浅場の磯岩に生息する種が二〇パーセントあり、その構成は洞穴遺跡内の貝層の貝種と類似すると指摘している。魚種で注目すべきは、マイワシとマダイ・カツオの存在である。マイワシは洞穴遺跡ではきわめて稀な魚種であるが、マダイ・カツオは三浦半島の洞穴遺跡において一般的な魚種である。そして、このような魚種の組み合わせは池子遺跡と重なるものである。

先に述べたように、赤坂遺跡からは骨角器製のヤスや鉄製の釣針、土錘が出土しており（**図53**）、道具の上からも活発な漁撈活動の存在が知られ、捕獲した貝種や魚種の類似性と重ね合わせれば、赤坂集落の漁撈活動は洞穴での漁撈活動を包括する内容をもっていたといえるのである。

赤坂集落と海上交易

また、この貝塚からはベンケイガイ製貝輪の未成品がみつかっているが、注目されるのは、貝輪の内径からみて完成直前のものである点である。

千葉県市原市埋蔵文化財センターの忍澤成視《おしざわなるみ》は、三浦半島の洞穴遺

図52 ● 赤坂遺跡の住居内貝塚と出土した貝輪・骨製カンザシ
貝種としては大型のバテイラを中心に、サザエ・スガイ・イシダタミなどの磯物とイワシやシカなどが認められる。右はいずれも女性の飾り具とみられる。

跡から出土するオオツタノハ製貝輪がすべて未成品であることに注目し、洞穴遺跡は伊豆諸島からの「最初の陸揚げ地」としている（図54）。オオツタノハの採集地と推定される三宅島《みやけじま》のココマ遺跡では、出土するのは破損品のみであることから、孔を開ける工程で成功したものだけ島外に運びだしているという。

この指摘は、洞穴遺跡内にみる破損品の多さと完成品の少なさにもあてはまり、うまく製作された貝輪は洞外へ搬出されたと考えられる。そして、赤坂遺跡から出土した完成品に近い貝輪は、洞穴から運び込まれ、さらに調整が加えて村外へ搬出する、その過程を物語る資料と推測できるのである。

このような赤坂集落と洞穴との関係を示す遺物に黒曜石もある。黒曜石は旧石器時代から石器製作の石材として使用され、縄文時代には長野県の和田峠や伊豆諸島の神津島《こうづじま》などに産する石材が多くの地に運ばれていった。弥生時代の黒曜石使用の例は少ないが、赤坂遺跡では刃器や石鏃などに黒曜石を用いており、縄文時代同様に石器として重要な位置を占めている。

弥生時代の海人集団を研究する杉山浩平は、赤坂遺跡出土の黒曜石（図55）が剥離面に風化のない角礫である点に注目し、神津

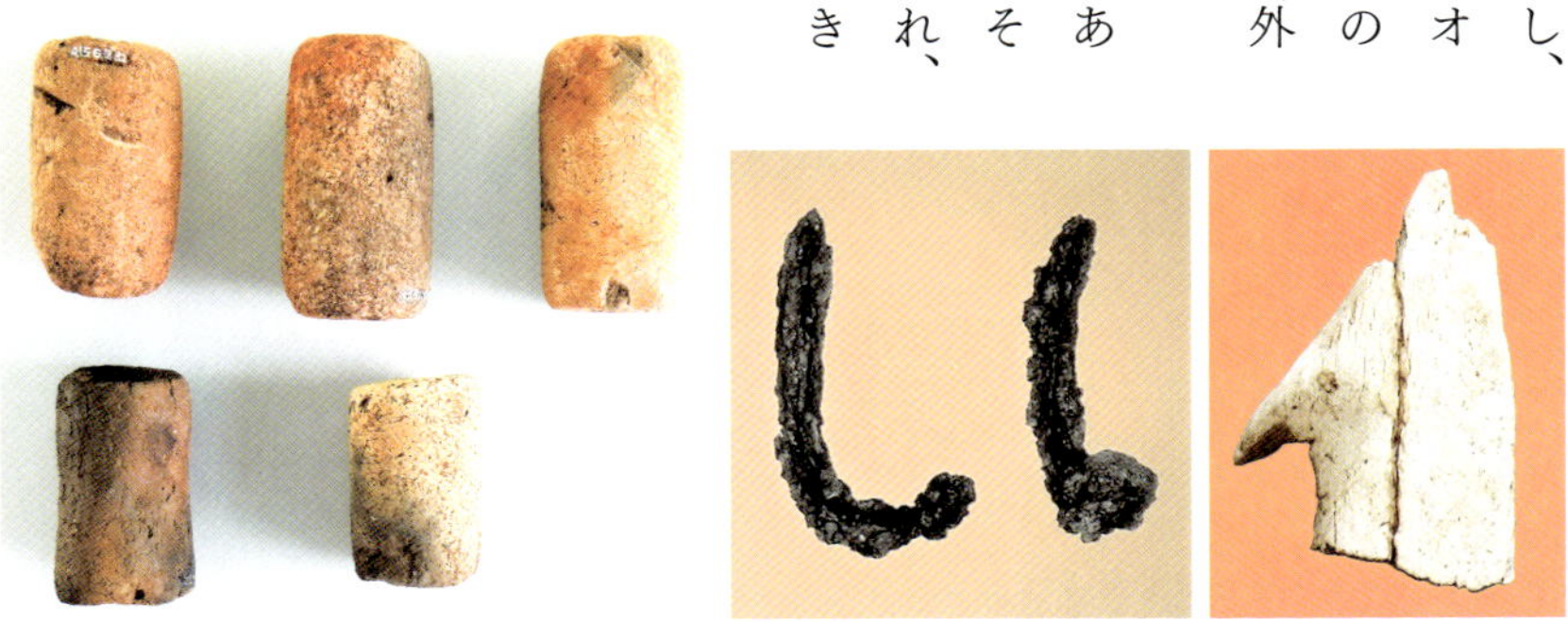

図53 ● 赤坂遺跡出土の漁撈具
右：骨製ヤスの一部。巨大住居址から出土した。赤坂遺跡においても、刺突による漁をおこなっていたことがわかる。中央：鉄製の釣針。弥生時代における鉄製の釣針は、三浦半島内では赤坂遺跡だけの発見である。左：円筒型の土錘。この錘の発見によって、赤坂遺跡において積極的に漁撈をおこなっていたことがわかった。

島特有の海底岩脈から採取したものを三浦半島の洞穴に搬入したと推測している。そして、伊豆諸島の資源を採取する人びとが駿河湾、相模湾、外房～鹿島灘の三カ所の範囲を活動の場とし、同質の漁撈技術を共有していたと指摘している。

彼らが技術の交流とともに物的交換をおこなっていたことは、三浦半島各所の集落遺跡から発見される東海や房総の土器および希少遺物である鉄器や青銅器などからもうかがうことができる。それらが洞穴遺跡にはなく、多くが赤坂集落で発見されていることは、この集落が、海をつうじて搬入される物資の集積と、洞穴や集落で製作した貝輪・骨角器・石器類などとの交換の場、すなわち市場的機能をもった場所であったと推測できるのである。

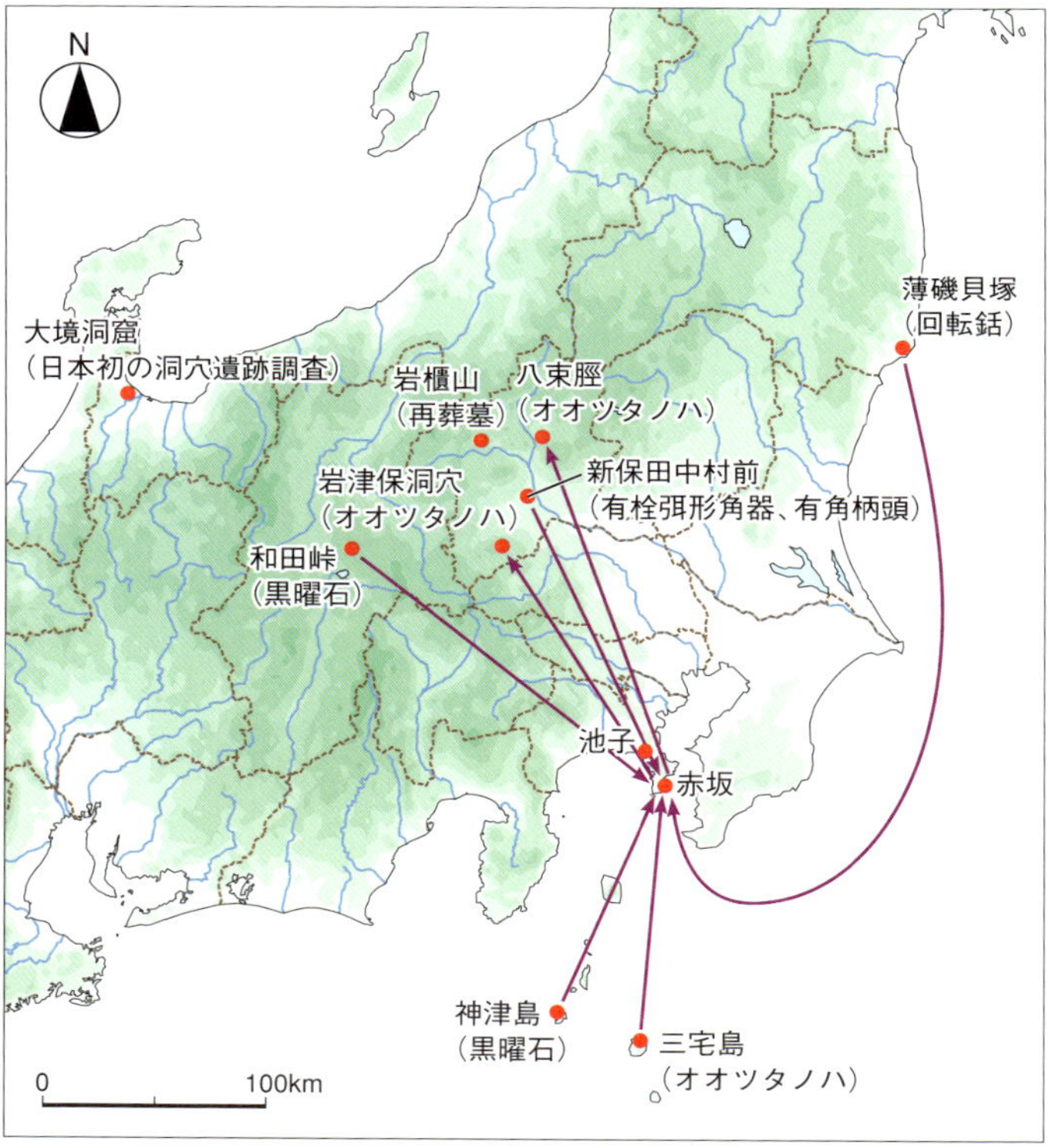

図54● 赤坂遺跡と島・内陸の遺跡のつながり
赤坂遺跡や三浦市域の洞穴遺跡から発見される遺物は、長野県や茨城県、さらには伊豆諸島におよぶ広範囲な地域との関係を示すものが多い。それは物だけではなく、骨角器の製作技術や葬制などの精神文化も共有する関係であった。

集落遺跡と洞穴遺跡

三浦半島の集落遺跡と洞穴遺跡の関係は、赤星の「漂泊する漁民」という見方からはじまり、神澤の「半農半漁」説、岡本の「集落からのわかれ」説があり、岡本を除いて対立的にとらえる傾向があった。その背景には、弥生時代の農耕社会は漁撈や狩猟、さらには植物採取を基盤とする縄文時代とは異質な文化的価値をもつ社会と認識していたことによる。そのことが、台地上の集落遺跡と海辺の洞穴遺跡とを弥生的遺跡と縄文的遺跡に置き換え、異質のみを強調した結果、本来的な遺跡間のつながりを見出すことができなくなったといえる。

池子遺跡の河道や赤坂遺跡の継続的調査は、その溝を埋める成果であった。赤坂遺跡の土錘やヤスなどの発見は、集落遺跡と海との関係の深さを知る手がかりとなり、低地に位置する池子遺跡ではいっそう深く海との関わりを知ることになった。

三浦半島における集落遺跡と洞穴遺跡とは、異なる文化をもった別の存在ではなく、同一の地域に暮らす同じ文化をもつ人びとの活動の痕跡として理解できるのである。そして、洞穴遺跡を生産の場と認めれば、洞穴を利用する人びとの居住地を背後の集落と想定することは自然であろう。三浦半島の弥生集落自体が海との関わりが深い集団によって形成され、作業場として洞穴を組み込んでいたと考えられるのである。

図55 ● 赤坂遺跡出土の神津島産黒曜石
割れ口がきわめて鋭く、稜に風化の痕跡がない。杉山浩平は、赤坂遺跡の黒曜石は直接神津島の原石を打ち欠いて持ってきたものと推測している。

第4章　その後の洞穴利用

1　埋葬の場へ

弥生時代後期末から古墳時代初頭にかけて、三浦半島の集落と洞穴は大きな変貌を遂げる。集落では、東海地方からの搬入あるいは模倣された甕《かめ》や祭祀用の小型器台《きだい》・高坏などがあらわれ、円を基本とした住居の平面は方形へと急速に変化する。その変化は在地の継続的な発展とは認めがたく、時を同じくして赤坂遺跡をはじめ拠点的な集落は縮小ないしは廃絶化の傾向を示す。そして、それと関連するように、洞穴はいっせいに埋葬の場へと変わっていくのである。

間口東洞穴の選ばれし者の墓

間口漁港近くの間口東洞穴では、古墳時代前期末から中期初頭の土器をともなう埋葬人骨が発見されている（図56）。自然石を敷いた上に足を西にむけた伏臥の伸展葬で、ほぼ完全に骨格が残っていた。

洞穴中央に埋葬するためであろうか、被葬者の脇にはそれ以前に葬られた他の人骨が片づけられていた。かたわらには鉄斧やアワビの貝殻、二個のガラス玉と三顆の小型の管玉《くだたま》が副葬されたように置かれ、人骨の下には一センチほどの厚みでベンガラが敷かれており、被葬者は特別な地位にある者と思われる。

注目すべきは、被葬者の腹部から海鳥（鵜《う》と思われる）の骨がみつかったことである。おそらく腹部に海鳥をのせて埋葬されたと思われる。海鳥の骨をともなう埋葬人骨の事例は、山口県下関市の土井ヶ浜《どいがはま》遺跡の老女と、紀伊半島南端に位置する和歌山県田辺市の磯間岩陰《いそまいわかげ》遺跡の幼児例がある。土井ヶ浜遺跡は弥生時代の砂丘上の集団墓地として有名であるが、この墓域は東地区と北地区に分かれ、東地区は手厚く葬られた男性が主体の墓域となっている。その東地区の中央部にカワウを抱いた老女が埋葬されていた。一方、磯間岩陰遺跡は海岸に突きでた独立丘陵の崖下の岩陰にあり、五世紀から七世紀にかけて埋葬地として利用された。幼児の墓はその集団墓地で唯一のもので、右足親指にはキンチャクガイの指輪をはめ、頭骨の上方からカモメ科の海鳥アジサシの完全な骨が出土している。

図56 ● 間口東洞穴の人骨
古墳時代中期初頭の人骨。伸展葬で洞穴中央に埋葬された。人骨の下には礫岩が敷かれ、副葬品としては希少な鉄斧やガラス小玉・管玉があり、被葬者は特別な地位にある者と思われる。

このように鳥とともに葬られた人物は、墓域における位置や年齢などから特別な性格が浮かび上がってくる。民俗学者の国分直一《こくぶなおいち》は、これらの鳥がいずれも漁群を知らせる目標となる鳥であり、幸をもたらす使者として崇められていたとし、埋葬された人物はこの鳥を守護霊としたシャーマンであったと推定している。はたして間口東洞穴の被葬者がシャーマンであったかは不明であるが、集団のなかで「選ばれし者」であったと考えられる。アワビの貝殻の存在は被葬者と海との関わりの深さを象徴するものである。

雨崎洞穴の王子さま

雨崎洞穴も、古墳時代前期末からおよそ三〇〇年にわたって墓地として利用された。埋葬された人骨は聖マリアンナ大学が解剖学的解析をおこない、直葬された二〇体と焼かれた三三体の人骨の存在が明らかとなった。これらの人骨は、いずれも磯岩で石棺のように長方形に区画したなかに埋葬されている。副葬品から七世紀代と判明した焼人骨も、石棺状の区画のなかに焼土、灰とともに充填されていた。

そして洞穴の中央部には、幅三五センチ、長さ約一・四メートルの木棺が置かれていた（図57）。木棺は丸太を半截《はんせつ》したような割竹《わりたけ》形を呈し、先端部をやや尖り気味に整形しており、舟

図57 ● 雨崎洞穴の木棺
クスノキ材で、表面の白色・黄色はリン灰石が主成分の顔料を塗布したものと分析された。リン灰石の原料は海鳥の糞に含まれるグアノなどが想定される。

形の木棺を想像することができる。蓋の表面は黄土色に塗ってあり、蓋の端部には海鳥の糞を顔料とした白色の塗料が塗ってある。

木棺を移動した際、砂とともに滑石製勾玉・臼玉をはじめ管玉・濃紺のガラス製ビーズなど大量の玉類がこぼれ落ちた。そのなかには頭部に三本の刻みがある丁字頭《ちょうじがしら》勾玉もあった（図58）。三浦半島で初出である。丁字頭勾玉をはじめ発見された滑石製臼玉・勾玉などの玉類は呪術的要素をもつとみなされており、それら玉類の形態から木棺は五世紀初頭のものであると推測できる。

木棺内部からは頭骨、肢骨が露出し、頭蓋骨の形状とその薄さから被葬者は幼児と推定され、だれ言うとなく「雨崎の王子さま」とよばれることになった。後に人骨考古学研究者の佐《さ》宗《そう》亜《あ》依《い》子《こ》の調査によって、年齢は二歳前後で、骨格はほぼ一体分存在することが判明し、あらためて幼児であることが確認されている。

丁字頭勾玉は、その後、小型のヒスイ製のものが、木棺と接する石棺状の墓か

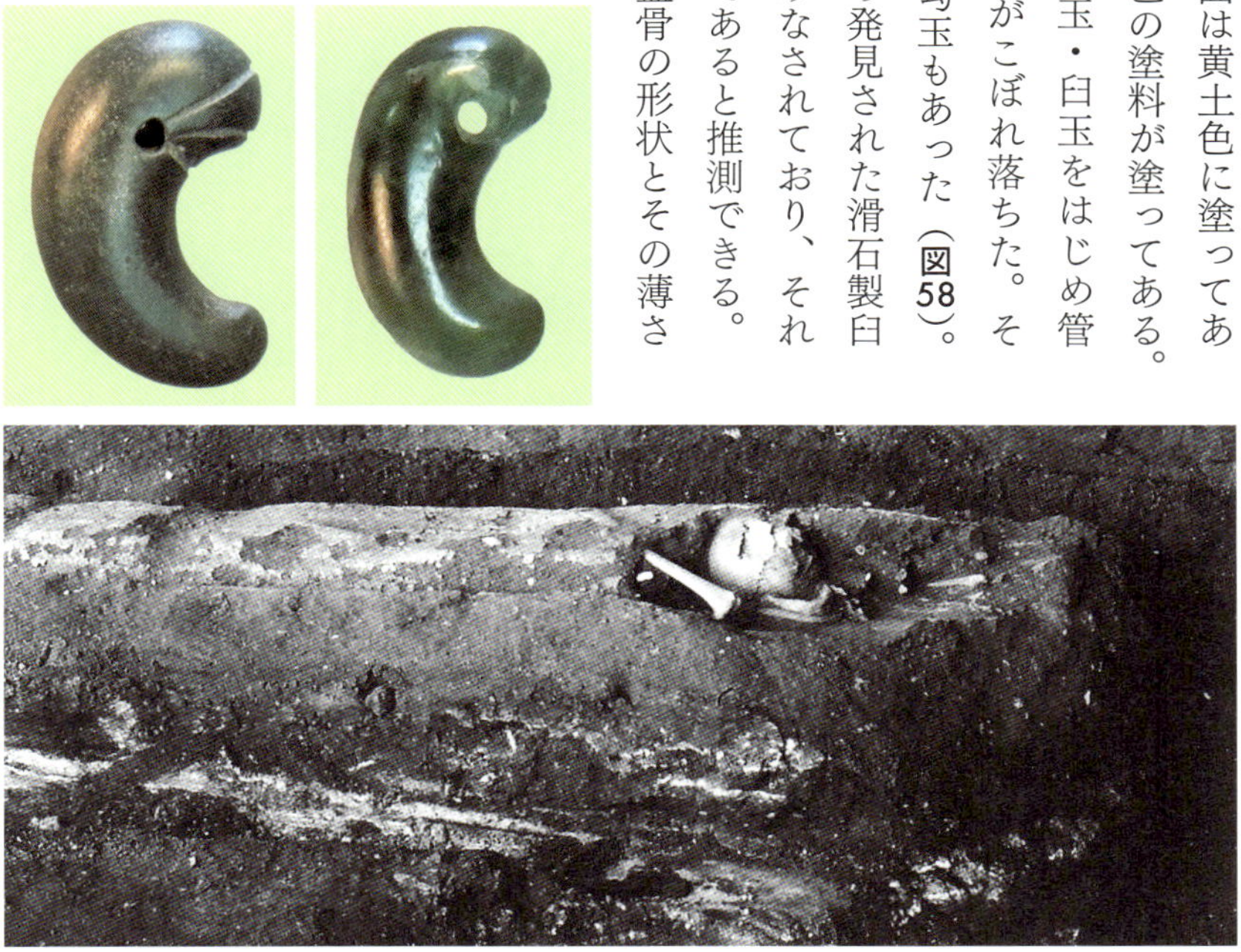

図58 ● 雨崎の王子さまと丁字頭勾玉
頭部に3条ほどの刻みをつける丁子頭勾玉を副葬していた。左は滑石製で木棺から、右は翡翠製で木棺に隣接した石棺から出土した。木棺からはこのほかに滑石製臼玉や勾玉、ガラス製のビーズなど多くの玉類が出土した。

らも滑石製玉類とともにみつかった。この墓には頭骨を赤彩した成人骨と幼児の骨が合葬されていた。注目すべきは被葬者である幼児の存在である。すべての幼児が手厚く埋葬されていたとは思えず、多くの玉にかこまれた木棺や赤彩された人骨との合葬という特別な埋葬がおこなわれた背景には、たんなる悲しみを慰撫するための行為とはいえないものがある。そこには、多くの玉類を惜しげもなく費やすことができる血族の存在を印象づけるものがあり、墓が権力誇示の場へと変質していく古墳時代の様相を、洞穴内埋葬にみることができるのである。

2 王権と列島の海の文化

王権と海部の誕生

『日本書紀』応神紀に「応神三年一一月、処処の海人、さばめきて命に従わず、安曇連《あずみのむらじ》の祖である大浜宿禰《おおはまのすくね》に平伏させ、海人の宰にす」とあり、さらに「応神五年八月、諸国に命じて海人および山守部を定める」と記されている。列島各地の「海人《あま》」＝海の民や山の民を管理するために海部と山守部を置いたというのである。

この話の内容は『宋書』倭国伝に記されている倭の五王時代以前、四世紀末から五世紀初頭のころと推測され、この時期に「海人」とよばれる集団が存在していたことがうかがわれる。当該期における三浦半島の集落および洞穴の大規模な変化の原因が、「大浜宿禰に平伏させ」たという王権の影響がおよんだ結果とみなすことはできないだろうか。そのことを物語るのが五世紀後半につくられた長沢《ながさわ》一号墳である。

長沢一号墳は、金田湾をはさんで雨崎洞穴と対峙する位置にある（**図5参照**）直径二二メートルほどの小円墳である。高さおよそ三・五メートルで、粘土による遺体埋葬の槨《かく》が設けられ、礫岩を用いて葺石《ふきいし》とするなど、畿内の古墳に類似する造りを示し、主体部には鉄鏃や剣・鉾などの武器類が副葬されていた。

これは雨崎洞穴や間口東洞穴の被葬者にみられた呪術性は影を潜め、武威をもって威圧する被葬者である。このような例こそ、畿内に登場する誉田山《こんだやま》古墳・大山《だいせん》古墳とよばれる圧倒的な規模で人を威圧する巨大古墳の造営と重なるものがある。つまり、長沢一号墳の被葬者は、後に海部直《あまべのあたえ》あるいは海部首《あまべのおびと》とよばれる地域の海浜部を統括する支配者の系譜につながる可能性を示唆する。その根底には、王権の権威を列島規模に拡大していく文化の存在をあげることができるのである。

カツオの釣針と黒潮が結ぶ文化

相模湾岸に位置する海外1号洞穴も、古墳時代に入ると埋葬地として利用されるようになる（**図59**）。その埋葬法は、

図59 ● 海外1号洞穴の古墳時代の集団墓地
洞穴の壁と並行して礫岩を配置し、岩と壁との空間に遺骸を埋葬し、礫岩を蓋状に覆いかぶせていた。古墳時代中期以後と推測される多くの人骨がみつかっている。

磯岩を用い、洞壁に沿って集団墓地を形成するもので、積み上げられた磯岩が壁と並行するように列状になる。遺体は伸展葬の状態で発見されている（図60）。

注目されるのは鹿角製の組み合わせ釣針の存在である。この釣針は、五世紀代の祭祀用の坩型土器とともに出土したもので、軸部と鉤部からなる「角釣針」である。この釣針の系譜をたずねると、先にみた紀伊半島の磯間岩陰遺跡にたどることができる。磯間岩陰遺跡からは鹿角製の弓束《ゆづか》や鳴鏑《なりかぶら》などの骨角製品とともに角釣針が出土している。

カツオは、四月ごろに九州南岸から四国に巨大な群れとなって押し寄せ、五月に黒潮にのって関東沿岸に到達する。その後北上をつづけ、三陸沿岸に達して反転し、九月ごろに戻りカツオとなってふたたび関東沿岸に回遊し、その後南下していく。つまり、カツオの回遊時期は、春から秋の稲の生育と刈り入れ時期に重なり、陸の幸に対し海の幸として重要な海産物であることを、延喜式の研究を通じ渋沢敬三は読み取っている。したがって、カツオを捕獲する釣針に幸をもたらす霊力を感じ、墓域での儀礼行為の象徴的祭器として用いた

図60 ● 海外1号洞穴出土の古墳時代人骨と角釣針
角釣針は鹿角製の組み合わせの釣針で、カツオを釣るために特化したルアー。祭祀用の器とともに出土。実用ではなく儀器的なもの。和歌山県磯間岩陰遺跡からも類似のものが発見されおり、洞穴内の埋葬法も類似することから、紀伊半島と三浦半島の人的交流を想定できる。

ものと思われる。このような儀礼が三浦半島と紀伊半島で同時期におこなわれていたことは、二つの半島が同質の文化を共有していたことを示すものであり、その基層に黒潮の存在を忘れることはできない。

黒潮が運ぶ他界観

黒潮の流れは人と文物の流れであり、同質の文化を共有する集団を形成していく源流でもある。紀伊半島から三浦半島にいたる漁撈技術の交流は、技術の枠を超え他界観にまでおよぶ。

紀伊半島の磯間岩陰にみられる岩壁に沿って磯岩を用いた集団墓地が、三浦半島の海外1号洞穴のほか大浦山洞穴（図62）や雨崎洞穴でもみられ、さらに北上し宮城県石巻市の五松山《ごしょうざん》洞窟とも類似す

図61 ● 赤坂遺跡と島・内陸の遺跡のつながり
古墳時代における日本列島沿岸部には、墳丘をもたない自然礫ないしはわずかに加工した石を用いて棺とする独特の埋葬法がみられる。長野県鳥羽山洞窟は山中にありながら沿岸部と類似する葬制を示しており、調査者はここでの一族がアマと関連をもつ人びとであったと指摘している。

るものがある。
五松山洞窟は弥生時代後期には漁撈活動の作業小屋的役割をもち、古墳時代には墓地として利用された洞穴遺跡である。洞穴の基盤を形成する粘板岩の角石を利用した積石《つみいし》状の墓が形成され、衝角付冑《しょうかくつきかぶと》や金銅製金具をもつ直刀や鉄鏃などの金属製武器のほか、骨製長頸鏃《ちょうけいぞく》や弭などが出土している。とりわけ骨製長頸鏃はその系譜を南九州に求めることができ、三浦半島においても海外1号洞穴遺跡、福島県いわき市にある六世紀末〜七世紀前半に造営された勿来金冠塚《なこそきんかんづか》古墳など、太平洋沿岸部の遺跡でみることができる遺物である。

このような海岸の自然岩を用いた墳丘をもたない群集墓の例は、さらに南下して九州でもみることができる。長崎県五島列島の小値賀島《おぢかじま》は東シナ海に面する小さな島で、神ノ崎《かみのさき》古墳群とよばれる自然石を石棺状に組み合わせた群集墓が形成されている。この島の位置は「魏志倭人伝」中の末盧国《まつろこく》の入り口部に相当し、魏の使者が、潜水してアワビや魚を捕る人びとを見た場所とも関連するものがある。八世紀に記述された『肥前国風土記』に、大耳《おほみみ》・垂耳《たりみみ》という土蜘蛛《つちぐも》一族がおり、景行《けいこう》天皇によっ

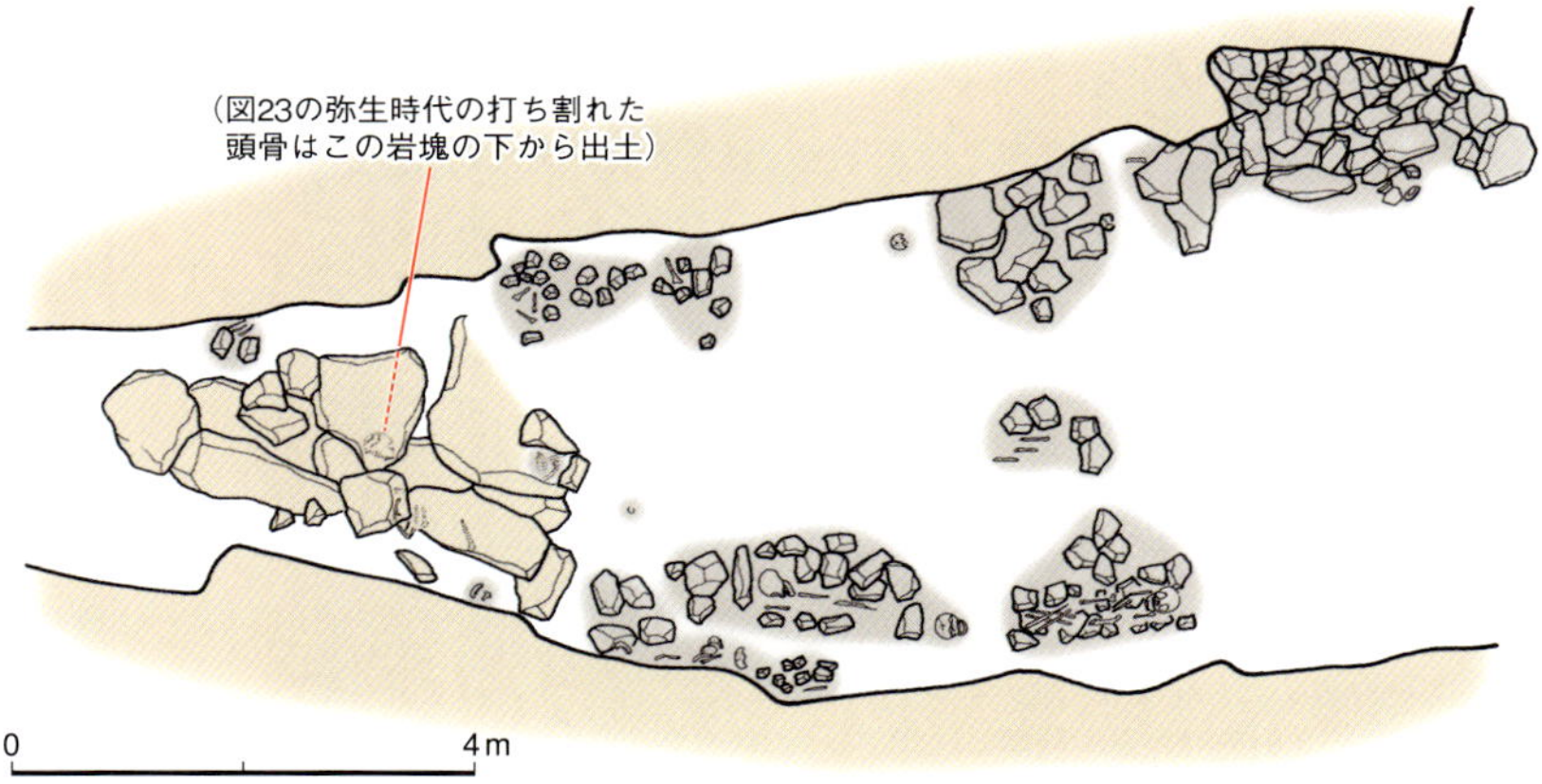

図62 ● 大浦山洞穴の古墳時代後期の集団墓地
洞内の左右壁際に礫岩で矩形にかこって棺としている。

て成敗されるのを免れるため、アワビや海産物を贄《にえ》として献上したという記述のある場所であり、潜りを専門とするアマの集団が居住していた場所であることがわかる。

このような海岸部の砂丘や洞穴を利用し自然石を石棺状にした群集墓の分布は、太平洋沿岸のいずれも「海人」とよばれる人びとと深い関係のある土地にみることができるのである。さらに、海岸部におけるこうした様相は日本海や内陸部にもおよんでいる。

つながる沿岸と内陸の文化

海浜部の動きと連動するかのように、山間部においても洞穴内に河原石を用いて群集墓を形成する集団が存在した。長野県上田市の鳥羽山《とばやま》洞窟は、千曲川の支流である依田川《よだがわ》を望む標高六〇〇メートル前後の急峻な断崖に位置し、川との比高は一五メートルである。

この洞穴内から、五世紀代の自然石を積み上げた集団墓地が発見され、石釧《いしくしろ》や琴柱《ことじ》形石製品などの呪術的な石製品にともなって、無茎の鉄鏃や直刀、さらに鉄斧などの遺物が多数出土した（**図63**）。遺跡を調査した関孝一は、こうした墳丘を設けない葬制が地域的なものではなく、三浦半島や房総半島、さらに

図63 ● 長野県上田市の鳥羽山洞窟
古墳時代中期の集団墓地。自然の礫を重ねて棺としている。
5世紀代の須恵器をはじめ同時期の馬具や鹿角製装剣・鉄鏃
といった武器など希少な遺物が多く発見されている。

は東北地方の五松山洞窟、日本海側の島根県出雲市の猪目洞《いのめ》窟などの例と類似すると認め、文化を共有する背景に安曇族とよばれるアマ集団の存在をあげている。

関があげた猪目洞窟（**図64**）とは、『出雲風土記』に「夢にこの洞穴あたりを訪れる者は、必ず死の世界へ行く。この洞穴は黄泉坂・黄泉穴とよばれ死の世界の入口だから」と記載された洞穴遺跡である。縦横三〇メートル、奥行五〇メートルの巨大な洞穴で、弥生時代から古墳時代後期の墓から人骨一三体がみつかり、九州からの搬入品であるゴホウラ貝の腕輪をはめた弥生人や丸木船を棺とした舟葬墓とよばれる埋葬例が報告されている。

この舟葬墓は、千葉県館山市の大寺山洞穴の埋葬例と類似する（**図65**）。大寺山洞穴は東京湾に突きでた洲崎《すさき》半島に形成された三基の洞穴群で、標高三〇メートルの位置にある第一洞穴から、一二基の舟葬墓と衝角付冑などの副葬品が出土しており、日本海と太平洋沿岸部との文化的類似性を示している。

このように、列島沿岸部の文物および精神文化の同質化の流れは、五世紀後半から遅くとも七世紀には九州から仙台湾にまでおよび、さらに日本海沿岸および河川を通じ内陸深くまで浸透していたことを知るのである。

図64 ● 島根半島の猪目洞窟
日本海に面した巨大な洞窟で、弥生時代の遺物には北部九州との交易を物語る南海産の貝輪が、古墳時代には丸木舟を用い棺とする舟葬の例が発見されている。

雨崎洞穴の火葬

すでに述べたように、雨崎洞穴からは三三体分の火葬された人骨が埋葬されていた。この火葬例は七世紀後半のものとみられる。仏教文化にもとづく火葬は、『続日本紀』にでは文武天皇四年（七〇〇）の僧道昭《どうしょう》の例が初出で、その後持統天皇が七〇三年に荼毘《だび》にふされたとあり、雨崎洞穴よりも新しい時期になる。では、雨崎洞穴での火葬は仏教とは異なる葬制によるものなのだろうか。

三浦半島における仏教文化の出現は、鴨居の鳥ヶ崎横穴墓群中の銅埦の発見や郡衙の存在が指摘される半島中央部に位置する公《く》郷《ごう》の宗元寺建立の例から、七世紀後半と推定されている。この時期に仏教の影響を示す例が、鴨居の鳥ヶ崎と金田の雨崎の地域で発見されていることは偶然ではない。

七三五年（天平七）の「相模国封戸租《ふこそ》交易帳」には、天武天皇の第三皇子である高市皇子《たけちのみこ》の娘山形女王《やまかたのおおきみ》と檜前女王《ひのくまのおおきみ》の食封《じきふ》として走水《はしりみず》郷と氷蛭《ひひる》郷の二郷の名が記されている。食封とは皇族の直轄地として天皇から譲渡された土地で、走水が鴨居周辺の土地を、氷蛭郷は明確な場所は特定されてはいないが金田地区に蛭田《ひるた》という地名が残ることから、その周辺だったと推定される。天武天皇

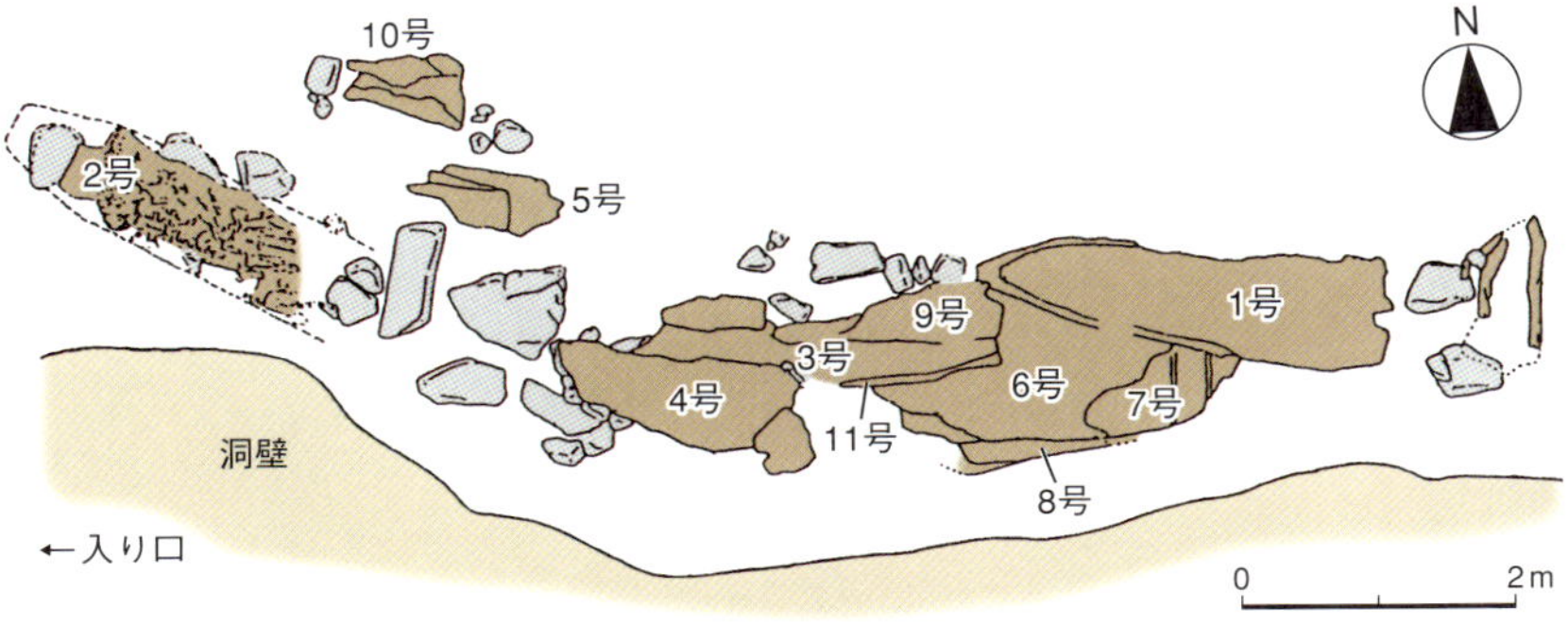

図65 ● 房総半島の大寺山洞穴の舟棺出土状況
千葉県館山市の標高35mの高位置にある海蝕洞穴。丸木船を棺として用いる猪目洞窟同様の舟葬の存在を太平洋沿岸地域においても明らかにした。

は幼少期に海部一族の凡海氏《おおしあまうじ》に養育され、夫人で高市皇子を出産する尼子娘《あまこのいらつめ》は北九州の宗像《むなかた》一族の出といわれるなど、海人と関係が深い。このような海と関係の深い家系が三浦半島内に食封を得ていたことは、それ以前にこの地が天皇家と縁のある勢力と関係を結んでいたことが考えられる。

こうした考えが受け入れられるならば、雨崎洞穴での火葬例を仏教文化の影響とみなし、中央政権と深い関係を有する人物あるいは集団の存在を想定することも可能であろう。その背景には、アワビをはじめとした豊かな海産物を産する海域であるとともに、房総半島、さらには東北地方への渡海の場所としての戦略的、経済的権益の確保がこの地に求められていたからと思われる。

3　洞穴遺跡の終焉

律令国家と洞穴遺跡

「青丹よし奈良の都は咲く花の」とうたわれた八世紀の都では、華やかな仏教文化が花開いていく。それとともに三浦半島および各地の洞穴の利用は衰退し、洞穴の暗闇に死への恐怖が連想されるようになる。『出雲風土記』に、「夢にこの洞穴あたりを訪れる者は、必ず死の世界へ行く」という恐ろしい話が登場してくるのは、洞穴内埋葬という伝統的宗教観や価値観をもつ集団に対する圧力ともとれる。

その背景には、生き物を捕らえることを生業とする漁師や猟師に対し、殺生を禁じる仏教思想が影響したのであろう。さらに広域に活動する漁撈従事者に対し、律令制における公地公民という土地への縛りによる画一的支配体制が強力におこなわれたことも一因したと思われる。つまり、仏教の隆盛や律令体制という八世紀の大きな変動が、洞穴利用の変化をとおしてみえてくるのである。

しかしその一方で、米軍基地内のごみ処理用焼却炉建設の際に発見されたかもめ島洞穴遺跡では、古墳時代中期以降、九世紀後半まで埋葬がおこなわれていた。それはたんにこの地域の文化的後進性を示すものではなく、地域に根づく伝統の力は中央政府の強権をもってしても一挙に消し去ることのできない力を秘めていたことを示していると考えることができる。

中世における洞穴遺跡の役割

では以後の洞穴は、どのように人との関係をもったのであろうか。一二世紀から一五世紀にかけて、間口港周辺の洞穴では、中世の遺物が集中して出土している。大浦山洞穴と対面する海岸に位置する剱崎南洞穴には明神社がおかれ、洞内からは平安時代から鎌倉時代初期に属すると思われる和鏡が発見されていることから、航路の安全を祈願する場でもあったのだろう。「間口」という名は、この港の位置が外海から東京湾への入り口にあたり、風待ち潮待ちの港としての役割をもっていたことに由来する。周辺には中世の墳墓であるヤグラや五輪塔が数多くあり、当時大いに栄えたことをうかがうことができる。

間口Ａ洞穴で発見された儀礼用の飾り鏡である双孔儀鏡《そうこうぎきょう》（図66）は、伊豆諸島の利島《としま》にある阿豆佐和気命《あずさわけのみこと》神社境内祭祀遺跡で出土した儀鏡と関連する資料といえる。

利島は「見付島」とよばれるように、伊勢湾から房総半島にいたる太平洋岸の海路の重要な目印であったと同時に、航海における神聖な守り神としての地位を占めていた。その神社との関連を示す遺物の存在は、間口港が東京湾と外海との出入りにとって重要な港であったことをうかがわせる資料であり、外海へ乗りだす船の航海の安全祈願の場が洞穴内に設けられたものと思われる。このように、洞穴は時代とともに利用形態を変えながら、中世においても海と人とを結ぶ役割を保っていたことがわかるのである。

やがて小田原北条氏や江戸幕府が東京湾の支配を確立するにともない、海運の港は三崎や浦賀へ引き継がれ、間口港は小さな漁港へと戻っていく。航海の祈願所は村々に建てられた神社へと移り、洞穴が安全祈願の場であることは忘れ去られていった。人びとの訪れは途絶え、暗く湿っぽい空気が洞内をおおうようになる。そして、この洞穴にふたたび光が差し込むようになるのは、昭和という時代を待たねばならなかったのである。

図66 ● 間口Ａ洞穴出土の双孔儀鏡（左）**とカワラケ**（右）
どちらも14～15世紀のもので、左の儀礼用の飾り鏡（直径4cm）は、伊豆諸島の利島にある阿豆佐和気命神社境内から出土したものと類似する。右は祭祀に用いられたカワラケ。洞穴外からも集中して発見されている。

4　地域研究と洞穴遺跡

木々におおいかくされた海辺の崖の、カビ臭く、湿気に満ちた洞穴を好んで訪れる人はいない。そんな陰湿なイメージがつきまとう洞穴に人間の活動の痕跡を訪ね、その活動の跡を読み解くとき、そのイメージとはかけ離れた世界を知ることができた。

新たな視点からみえてくる世界は、〝農耕社会の縁辺部に、定住地もなく、漂泊する漁民たちのささやかな活動の場〟という常識とはかけ離れた内容をもつ。常識によって形成された〝海辺の漁撈、台地の農業〟という二つの遺跡を対比的に理解することからは、遺跡の背後にある人びとの生活の在り方を読み解くことはできない。

かつて民俗学者の宮本常一は、『忘れられた日本人』で、日本各地のいまは忘れ去られたような村々やそこに暮らす人びととの出会いを通じて、人びとの暮らしの背後にある歴史を明らかにしていった。この宮本の立ち位置は常識的視点への反省を迫るものがある。つまり、みえるものの背後にある時間の存在を意識させ、時間とともに変貌していく地域の姿を明らかにしていくことの重要性に気づかせてくれるのである。そして何よりも、そこに生活した名も知れぬ人びとの歩みを解き明かすことの重要性を知るのである。

図67●白石洞穴の発掘調査
海外１号洞穴から南に300mの位置にある、
相模湾にむかって開口する調査中の洞穴。

参考文献

赤星直忠　一九五三『海蝕洞窟—三浦半島に於ける弥生式遺跡—』神奈川県文化財調査報告二〇
江上波夫　一九二六「上総興津町附近洞窟遺跡について」『浦和高校学友会雑誌』八
岡本　勇・濱田勘太他　一九七七『三浦市赤坂遺跡』三浦市教育委員会
岡本　勇・中村　勉他　一九九七『大浦山洞穴』三浦市埋蔵文化財調査報告書第四集
岡本東三　二〇〇二『原始・古代安房国の特質と海上交通』千葉大学文学部考古学研究室
忍澤成視　二〇〇九「もう一つの「貝の道」—伊豆諸島におけるオオツタノハ製貝輪生産—」『動物考古学』二六号
堅田　直　一九七〇『紀伊田辺市　磯間岩陰遺跡（調査概要）』考古学シリーズ六　帝塚山大学考古学研究室
神澤勇一　一九七九「三浦半島の洞窟遺跡」『歴史手帳』七巻一〇号
剱持輝久・中村　勉　二〇一五『三浦市　雨崎洞穴』雨崎洞穴遺跡刊行会・赤星直忠博士記念館
柴田常恵　一九一九「越中国氷見郡字波村大境の白山神社洞穴」『人類学雑誌』三三巻一〇号
杉山浩平　二〇一〇「弥生時代における伊豆諸島への戦略的移住の展開」『考古学雑誌』九四巻四号
関　孝一・永峯光一編　二〇〇〇『鳥羽山洞窟—古墳時代葬所の素描と研究—』信毎書籍出版センター
高橋　健編　二〇一二『海にこぎ出せ弥生人』横浜市歴史博物館
田辺　悟　一九九〇『日本蜑人伝統の研究』法政大学出版局
樋泉岳二　一九九九「池子遺跡群No.1—A地点における魚類遺体と弥生時代の漁撈活動—」『池子遺跡群X　No.1—A地点　第二分冊』かながわ考古学財団調査報告四六
中村　勉　一九九三「「角」とよばれる釣針について—三浦半島出土の資料を中心として—」『考古学研究』一五八
中村　勉　二〇〇八「漂海民からの回帰—海蝕洞穴と集落遺跡—」『地域と文化の考古学Ⅱ』六一書房
春成秀爾　一九九三「弥生時代の再葬制」『国立歴史民俗博物館研究報告』四九集
三宅宗議　一九八八「五松山洞窟遺跡」『石巻市文化財調査報告書』三集
八幡一郎編　一九六七『日本の洞穴遺跡』日本考古学協会洞穴調査委員会

＊報告書類は原則省略した。

毘沙門B洞穴

大浦山洞穴

・神奈川県三浦市松輪字間口
・交通　京浜急行「三浦海岸」駅から剱崎行バスで「松輪」下車、徒歩約15分

大浦海岸と大きく書かれた看板を目印に坂道を下っていくと、間口漁港に達する。洞穴は間口漁港の市場裏手にある。やや急な藪の坂を登ると洞穴が開口している。無料。

毘沙門洞穴群

・三浦市毘沙門字八浦原
・交通　「三浦海岸」駅から剱崎経由三崎行バスで「毘沙門天入口」下車、徒歩約15分

白浜毘沙門天方面に下ってゆくと、毘沙門海岸に出る。海岸を三崎方面に歩けば、毘沙門洞穴群が視界に入る。現在は、B・C洞穴のみ見ることができる。無料。

三浦市文化財収蔵庫

・三浦市初声町入江146
・三浦市教育委員会教育部文化スポーツ課に連絡し、見学日を決め、入館できる。無料
・電話　046（882）1111
・入館料　無料
・交通　京浜急行「三崎口」駅から徒歩約15分

洞穴関連の遺物や海外洞穴のラミナの剝ぎとりをみることができる。

赤星直忠博士文化財資料館

・横須賀市長坂2―8―12　宇内建設ビル3階
・電話　046（857）7626
・水曜日午後のみ開館。
・入館料　無料
・交通　JR「逗子」駅から京急バス長井行で「佐島入口」下車、約25分

洞穴関係以外に三浦半島の考古学的資料が保管されている。

横須賀市博物館

・横須賀市深田台95
・電話　046（824）3688
・開館時間　9：00～17：00
・休館日　月曜日（祝日の場合は翌日）、年末年始（12月29日～1月3日）
・入館料　無料
・交通　京浜急行「横須賀中央」駅から徒歩10分

三浦半島の地形や自然と歴史を展示解説しており、鳥ヶ崎洞穴の出土品の一部を見ることができる。

遺跡には感動がある

――シリーズ「遺跡を学ぶ」刊行にあたって――

「遺跡には感動がある」。これが本企画のキーワードです。

あらためていうまでもなく、専門の研究者にとっては遺跡の発掘こそ考古学の基礎をなす基本的な手段です。また、はじめて考古学を学ぶ若い学生や一般の人びとにとって「遺跡は教室」です。

日本考古学では、もうかなり長期間にわたって、発掘・発見ブームが続いています。そして、毎年厖大な数の発掘調査報告書が、主として開発のための事前発掘を担当する埋蔵文化財行政機関や地方自治体などによって刊行されています。そこには専門研究者でさえ完全には把握できないほどの情報や記録が満ちあふれています。しかし、その遺跡の発掘によってどんな学問的成果が得られたのか、その遺跡やそこから出た文化財が古い時代の歴史を知るためにいかなる意義をもつのかなどといった点を、莫大な記述・記録の中から読みとることははなはだ困難です。ましてや、考古学に関心をもつ一般の社会人にとっては、刊行部数が少なく、数があっても高価なその報告書を手にすることすら、ほとんど困難といってよい状況です。

いま日本考古学は過多ともいえる資料と情報量の中で、考古学とはどんな学問か、また遺跡の発掘から何を求め、何を明らかにすべきかといった「哲学」と「指針」が必要な時期にいたっていると認識します。

本企画は「遺跡には感動がある」をキーワードとして、発掘の原点から考古学の本質を問い続ける試みとして、日本考古学が存続する限り、永く継続すべき企画と決意しています。いまや、考古学にすべての人びとの感動を引きつけることが、日本考古学の存立基盤を固めるために、欠かせない努力目標の一つです。必ずや研究者のみならず、多くの市民の共感をいただけるものと信じて疑いません。

二〇〇四年一月

戸沢充則

著者紹介

中村　勉（なかむら・つとむ）

1950年、神奈川県横須賀市生まれ。

明治大学文学部史学地理学科考古学専攻卒業。

横須賀市域の小中高校に勤務、横須賀市立大津小学校校長を経て、
現在、赤坂遺跡調査団団長。

主な著作　「アワビの考古学」『横須賀考古学会研究紀要』1号、「三浦半島の弥生時代研究—海蝕洞穴遺跡と集落遺跡—」『横須賀考古学会年報』37、「三浦半島における弥生時代集落のモデル—平作川流域における二つの遺跡—」『市史研究横須賀』6号、「漂海民からの回帰—海蝕洞穴と集落遺跡—」『地域と文化の考古学Ⅱ』六一書房ほか。

写真提供（所蔵）
細川惠司：図1・2／三浦市教育委員会：図4・6・66（右）／小樽市総合博物館：図7（左）／氷見市立博物館：図8／東京大学総合研究博物館：図9（左）／横須賀考古学会：図10～13・17・19・23・27・30・31・34～38・57～60／明治大学博物館：図14／横須賀市自然・人文博物館：図15／横須賀市教育委員会：図16／群馬県教育委員会：図22（右）／神奈川県立歴史博物館：図25・26／劔持輝久：図33／かながわ考古財団『池子遺跡群　総集編』：図41・43・44／赤坂遺跡調査団：図46・48～50・52・53・55／三浦市間口東洞穴調査団：図56／上田市教育委員会：図63／辰巳和弘：図64

図版出典・参考（一部改変）
図5：国土地理院5万分の1地形図「横須賀」「三崎」／図18：岡本勇・中村勉他『大浦山洞穴』／図24：神奈川県立博物館『海蝕洞窟遺跡』／図40：横須賀市『新横須賀市史　通史編　自然・原始・古代・中世』／図42・45：かながわ考古財団『池子遺跡群　総集編』／図47：赤坂遺跡調査団『赤坂遺跡第14次調査報告書』／図65：岡本東三『原始・古代安房国の特質と海上交通』

上記以外は著者

シリーズ「遺跡を学ぶ」118
海に生きた弥生人　三浦半島の海蝕洞穴《かいしょくどうけつ》遺跡

2017年 4月15日　第1版第1刷発行

著　者＝中村　勉
発行者＝株式会社 新 泉 社
東京都文京区本郷2－5－12
TEL 03（3815）1662 ／ FAX 03（3815）1422
印刷／三秀舎　製本／榎本製本

ISBN978－4－7877－1638－5　C1021

シリーズ「遺跡を学ぶ」

第1ステージ（各1500円＋税）

第2ステージ（各1600円＋税）